강태공을 위한

낚시 물고기
도감

지성사

강태공을 위한 낚시물고기 **도감**

머리말

옛날이나 지금이나 강과 바닷가를 비롯하여 저수지, 혹은 이름 없는 작은 웅덩이에서 낚싯대를 드리우고 고기 낚기에 여념이 없는 사람들을 쉽게 볼 수 있다. 서두르지 않고 물가에 낚싯대를 드리운 사람들의 평온한 모습은 어떤 여가 활동이나 스포츠보다도 여유가 있어 보인다. 잠시 세상일을 잊고 힘을 재충전하는 데 낚시는 단연 으뜸이 아닌가 싶고, 그래서 세상일이 복잡한 요즈음 낚시인들이 더욱 증가하는 것 같다.

우리나라의 낚시 인구가 600만이라고 한다. 또한 비록 "꾼"은 아니더라도 성인 남자의 절반 이상은 한 번쯤 강가에 낚싯대를 드리워 피라미 한 마리라도 잡아본 경험이 있으리라 생각된다. 그만큼 낚시는 여가 생활로서 우리 생활 속 깊이 자리잡고 있다.

요즈음 낚시에 관한 좋은 잡지와 책들이 많지만, 낚시대상 물고기에 관한 이렇다 할 만한 도감은 없는 실정이다. 이에 필자들은 어류학자로서 낚시 물고기의 종류에 관심을 가지고 수년 간의 연구 활동을 통해 자료를 모으게 되었다.

물고기에 관한 연구를 했거나 특별히 물고기에 관심을 가진 사람을 제외한 일반인들이 민물이나 바다낚시에서 잡히는 물고기들의 이름을 몇 종이나 정확하게 알고 있을까? 아마도 흔히 잡히는 물고기 30종 미만일 것이다. 하지만 낚시에 걸려드는 물고기는 우리나라에서만도 200여 종에 달한다. 그러니 가족 단위의 낚시를 즐기려는 인구가 증가하고 있는 요즈음 개울가 낚시에 걸려든 작은 물고기의 이름을 묻는 아이에게 "피라미" 또는 "피래미 새끼" 정도로 대충 얼버무리는 것보다 작은 도감 하나쯤 준비하여 정확한 이름을 확인하고 덧붙여 생태에 관해 간단히 설명해 줄 수 있다면 이보다 더 좋은 여가 생활이 있을까? 게다가 낚시를 하다 보면 낚시인들이 원치 않았던, 이름 모를 작은 물고기들이 걸려들기도 한다. 이럴 때 물 속으로 되던져 주는 사람이 있는가 하면 가끔은 땅바닥에 내팽개치는 경우도 적지 않다. 이렇게 버려지는 물고기 가운데 감돌고기와 같이 우리가 꼭 보호해야 할 귀중한 물고기들이 포함되어 있다는 사실은 참으로 가슴아픈 일이다. 예전에는 흔했고 또는 귀찮아서 방치했다면, 이제는 낚시도 물고기들을 보호하면서 즐겨야 할 때라는 인식이 필요하다.

이 책은 우리나라에서 밝혀진 1천여 종의 민물과 바다의 물고기 가운데 낚시에 잡히는 160여 종의 분류와 생태, 그리고 그 물고기에 얽힌 이야기를 중심으로 일반인들이 쉽게 읽을 수 있도록 엮었다. 잉어, 붕어, 농어, 볼락, 돔류 등 주요 낚시 물고기뿐만 아니라 생태적으로 보호해야 할 물고기도 소개하였다. 이 책을 통해 낚시터에서 월척의 짜릿함과 함께 자신이 잡은 물고기를 구분하고 이름을 새롭게 알게 되는 기쁨도 함께 느껴 보기 바란다.

끝으로 관심과 격려로 힘을 불어넣어 주신 전북대학교 김익수 박사님, 부족한 자료임에도 불구하고 흔쾌히 출판의 결단을 내린 이원중 사장님을 비롯한 지성사 식구들에게 진심으로 감사드린다. 아울러 좋은 자료를 제공해 준 『월간낚시』의 장창락 기자님, 자료 수집에 수고한 군산대학교 조창묵 대학원생, 오영진, 백승무 학생에게도 감사한다.

2000년 4월
저자 일동

이 책을 이용하는 방법

▶ 이 책에 수록된 물고기는 우리나라에서는 연골어류(상어, 가오리류)가 낚시의 대상이 되는 경우가 매우 적기 때문에 경골어류만을 소개하였다.

▶ 이 책에는 우리나라의 민물과 연근해에서 낚시로 잡히는 주요 물고기는 거의 수록되었고, 또한 식용으로 이용되는 물고기가 아니더라도 원치 않게 낚시에 걸려 나오는 물고기에 대해서도 소개하였다.

▶ 수록된 물고기는 서로의 유연 관계와 분류학적 체계(넬슨Nelson, 1994년)에 따라 배열하되 낚시인들이나 일반인들이 쉽게 찾아볼 수 있도록 "민물·기수낚시 물고기"(1부)와 "바다낚시 물고기"(2부)로 구분하였다. 따라서 민물이나 기수(汽水)에서 잡은 물고기를 확인할 때는 1부에서, 바다에서 잡은 물고기를 확인할 때는 2부에서 찾으면 된다. 민물과 바다에서 모두 잡히는 종(예를 들어 숭어, 꺽정이 등)도 있으나 그 수가 극히 적어 문제가 되지 않을 것이며, 이러한 종에 대해서는 민물과 바다 중 좀더 일반적인 낚시 장소에 포함시켰다.

▶ 물고기 이름은 사진을 보고 직접 찾을 수 있지만 앞에 제시된 검색표를 이용하여 과(科) 이름을 찾은 후 종(種) 이름을 확인하는 순서가 바람직하다. 처음에는 다소 불편할지라도 몇 번 반복하면 자연적으로 물고기의 특징을 찾아내는 요령을 터득하게 될 것이다.

▶ 가능하면 전문용어를 사용하지 않았으나 불가피하게 사용된 전문용어에 대해서는 책의 앞부분에 소개된 "어류학·분류학·낚시 용어풀이" "물고기의 신체 측정"을 참고하기 바란다.

▶ 각각의 물고기에 대한 설명을 보다 쉽게 이해하기 위해서는 책 앞부분에 소개된 "물고기의 형태 및 각 부위 이름"과 "줄무늬의 모양"을 먼저 알아둘 필요가 있다.

▶ 각각의 물고기에 대한 설명은 낚시와 관련된 부분, 즉 먹이의 종류, 서식장소, 물고기의 최대 몸길이[全長] 등을 위주로 설명하였으며, 그 밖에 낚시철, 낚시터, 요리 등 낚시의 참고정보를 제시하였다.

차례

머리말 4
이 책을 이용하는 방법 6
책 속에 포함된 어류학·분류학·낚시 용어풀이 12
물고기의 형태 및 각 부위 이름 17
줄무늬의 모양·물고기의 신체 측정 18

1부 민물·기수낚시 물고기

뱀장어(뱀장어과)	22	눈불개(잉어과 피라미아과)	44
잉어(잉어과 잉어아과)	23	강준치(잉어과 강준치아과)	45
붕어(잉어과 잉어아과)	25	치리(잉어과 강준치아과)	46
납자루(잉어과 납자루아과)	27	메기(메기과)	47
참붕어(잉어과 모래무지아과)	29	빙어(바다빙어과)	49
돌고기(잉어과 모래무지아과)	30	은어(바다빙어과)	50
누치(잉어과 모래무지아과)	32	연어(연어과)	51
참마자(잉어과 모래무지아과)	33	열목어(연어과)	53
어름치(잉어과 모래무지아과)	34	산천어·송어(연어과)	55
모래무지(잉어과 모래무지아과)	35	둑중개(둑중개과)	56
황어(잉어과 황어아과)	36	꺽정이(둑중개과)	58
버들치(잉어과 황어아과)	38	꺽지(꺽지과)	60
피라미(잉어과 피라미아과)	40	쏘가리(꺽지과)	62
갈겨니(잉어과 피라미아과)	41	동사리(동사리과)	64
끄리(잉어과 피라미아과)	43	문절망둑(망둑어과)	66

풀망둑(망둑어과)	67	
검정망둑(망둑어과)	69	
두줄망둑(망둑어과)	71	
가물치(가물치과)	73	

황복(참복과)	74	
블루길(검정우럭과)	75	
배스(검정우럭과)	77	

2부 바다낚시 물고기

갯장어(갯장어과)	88
붕장어(붕장어과)	89
멸치(멸치과)	90
정어리(청어과)	91
전어(청어과)	92
밴댕이(청어과)	93
대구(대구과)	94
매퉁이(매퉁이과)	96
숭어(숭어과)	97
가숭어(숭어과)	98
학공치(학공치과)	100
도화돔(얼개돔과)	102
금눈돔(금눈돔과)	103
민달고기(달고기과)	104
쑤기미(양볼락과)	106

쏠배감펭(양볼락과)	107
점감펭(양볼락과)	108
살살치(양볼락과)	110
우럭볼락(양볼락과)	111
볼락(양볼락과)	112
황볼락(양볼락과)	114
개볼락(양볼락과)	115
조피볼락(양볼락과)	116
탁자볼락(양볼락과)	118
불볼락(양볼락과)	119
누루시볼락(양볼락과)	121
띠볼락(양볼락과)	123
쏨뱅이(양볼락과)	124
미역치(미역치과)	126
성대(성대과)	128

차례

양태 (양태과)	129	민전갱이 (전갱이과)	155
노래미 (쥐노래미과)	130	잿방어 (전갱이과)	156
쥐노래미 (쥐노래미과)	131	부시리 (전갱이과)	157
임연수어 (쥐노래미과)	133	방어 (전갱이과)	159
빨간횟대 (둑중개과)	134	전갱이 (전갱이과)	161
삼세기 (삼세기과)	136	주둥치 (주둥치과)	162
농어 (농어과)	137	새다래 (새다래과)	163
다금바리 (농어과)	139	선홍치 (선홍치과)	164
돗돔 (농어과)	140	백미돔 (백미돔과)	165
붉벤자리 (바리과)	141	군평선이 (하스돔과)	166
붉바리 (바리과)	142	동갈돗돔 (하스돔과)	167
자바리 (바리과)	143	벤자리 (하스돔과)	168
능성어 (바리과)	144	어름돔 (하스돔과)	169
독돔 (독돔과)	145	감성돔 (도미과)	170
뿔돔 (뿔돔과)	146	참돔 (도미과)	172
홍치 (뿔돔과)	147	붉돔 (도미과)	174
줄도화돔 (동갈돔과)	148	황돔 (도미과)	175
세줄얼게비늘 (동갈돔과)	149	갈돔 (갈돔과)	176
청보리멸 (보리멸과)	150	실꼬리돔 (실꼬리돔과)	177
옥돔 (옥돔과)	152	보구치 (민어과)	178
만새기 (만새기과)	153	수조기 (민어과)	180
실전갱이 (전갱이과)	154	두줄촉수 (촉수과)	181

양벵에돔(황줄감정이과) 182	다섯동갈망둑(망둑어과) 214
긴꼬리벵에돔(황줄감정이과) 183	실망둑(망둑어과) 216
벵에돔(황줄감정이과) 184	독가시치(독가시치과) 217
범돔(황줄감정이과) 186	쥐돔(양쥐돔과) 218
살벤자리(살벤자리과) 187	꼬치고기(꼬치고기과) 219
줄벤자리(살벤자리과) 188	고등어(고등어과) 220
돌돔(돌돔과) 189	줄삼치(고등어과) 222
강담돔(돌돔과) 191	삼치(고등어과) 223
아홉동가리(다동가리과) 192	눈다랑어(고등어과) 224
망상어(망상어과) 194	연어병치(샛돔과) 227
자리돔(자리돔과) 196	넙치(넙치과) 228
호박돔(놀래기과) 197	점넙치(넙치과) 229
놀래기(놀래기과) 198	물가자미(가자미과) 231
용치놀래기(놀래기과) 199	돌가자미(가자미과) 232
황놀래기(놀래기과) 201	층거리가자미(가자미과) 233
어렝놀래기(놀래기과) 202	점가자미(가자미과) 234
혹돔(놀래기과) 204	문치가자미(가자미과) 235
민옥두놀래기(놀래기과) 206	참가자미(가자미과) 236
등가시치(등가시치과) 208	도다리(가자미과) 237
베도라치(황줄베도라치과) 209	범가자미(가자미과) 238
쌍동가리(양동미리과) 210	쥐치(쥐치과) 240
동갈양태(돛양태과) 212	말쥐치(쥐치과) 241

차례

객주리(쥐치과)	242	복섬(참복과)	246
거북복(거북복과)	243	까칠복(참복과)	247
흑밀복(참복과)	244		

3부 낚시물고기 이야기

잉어	252	노래미 · 쥐노래미	301
붕어	257	돌돔	305
빙어	261	황복	307
무지개송어	264		
가물치	266	참고 · 인용 문헌	311
돌고기	269	찾아보기	313
어름치	272		
피라미	274		
은어	277		
쏘가리 · 황쏘가리	280		
숭어 · 가숭어	284		
뱅에돔	287		
조피볼락 · 황해볼락	291		
보구치	294		
문절망둑 · 풀망둑	298		

책 속에 포함된 어류학 · 분류학 · 낚시 용어풀이

▶ 강해형(降海形) : 민물에서 성장하다가 산란을 위하여 바다로 내려가 생활하는 형(예 : 뱀장어)

▶ 견지낚시 : 강이나 여울에서 구더기 미끼로 견지의 낚싯줄을 풀었다 감았다 하여 물고기를 낚는 우리 고유의 낚시 방법

▶ 견짓대 : 낚싯줄을 풀었다 감았다 할 수 있는, 대로 만든 납작한 외짝 얼레의 짤막한 낚싯대

▶ 경골(硬骨) / 연골(軟骨) : 단단한 뼈 / 귀를 이루는 뼈와 같은 물렁뼈

▶ 고유종 : 지리적으로 어떤 한 지역에서만 사는 종. 예를 들어 한국 고유종이란 한국에서만 사는 종을 의미한다(한국 고유종의 예 : 감돌고기).

▶ 국명신칭 : 새로 이름이 붙어 우리나라에서 최초로 소개되는 물고기. 본 도감에서는 "민옥두놀래기"가 이에 해당된다.

▶ 금어기(禁魚期) · 포획금지체장(體長) : 해양수산부의 수산어법 수산자원보호령에서 수산자원의 번식 · 보호를 위해 물고기를 잡지 말아야 할 기간과 크기에 대해서 규정해 놓은 것

▶ 기름지느러미 : 제2등지느러미에 기조가 없고 전체가 육질로 이루어진 지느러미. 송어, 은어 등의 물고기에서 볼 수 있다.

▶ 기수역 : 강 하구의 민물과 바닷물이 만나는 지역

▶ 기조 : 지느러미막을 지지하는 극조와 연조를 합해서 "기조"라 한다. 즉 물고기의 지느러미는 기조와 지느러미막으로 이루어진다.
  - 극조 : 지느러미막을 지탱하는 딱딱한 가시로 끝이 갈라져 있지 않다.
  - 연조 : 지느러미막을 지탱하는 부드러운 살로 끝이 갈라져 있다.

물고기 등지느러미의
기조(극조+연조)

용어풀이

▶ 꼬리자루 : 물고기의 뒷지느러미가 끝나는 부위부터 꼬리지느러미가 시작되는 부분까지를 말한다.

▶ 난원형(卵圓形) : 타원형보다 몸높이가 낮고 둥근 달걀 모양의 형태

▶ 난태생(卵胎生) : 어미의 뱃속에서 알의 수정과 부화가 이루어져 새끼의 형태로 태어나는 것(예 : 볼락류)

▶ 놀림낚시(은어놀림낚시) : 살아 있는 은어(씨은어)의 코에 코걸이와 꼬리 뒤에 갈고리바늘을 달아, 텃세가 심한 은어(먹자리은어)가 사는 장소에 던져 넣어, 먹자리은어가 씨은어를 몸으로 밀어내는 도중에 바늘에 걸리게 하는 낚시

▶ 대낚시 : 낚싯대의 마디에 낚싯줄이 통과하는 고리(릴 가이드)가 없는 일반 민낚싯대(민장대)를 사용하는 낚시. 릴도 사용하지 않는다.

▶ 루어낚시 : 물고기나 곤충 모양의 인조미끼를 사용하는 낚시. 주로 물고기를 먹는 호기심과 투쟁심이 강한 물고기들을 낚을 때 이용한다.

▶ 모천회귀 : 어떤 물고기가 하천에서 부화하여 바다로 내려가 자란 후 다시 같은 하천으로 올라와 산란하는 것

▶ 몸높이(체고體高) : 몸의 가장 높은 부분의 높이로 지느러미는 포함하지 않는다.

▶ 방패비늘 : 상어, 가오리 등의 연골어류에서 볼 수 있는 방패 모양의 비늘

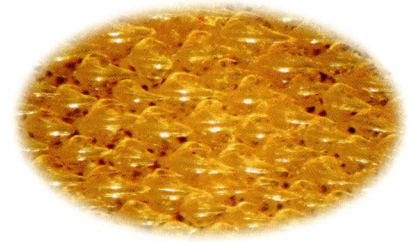

표범상어의 방패비늘을 40배 확대한 모습

▶ 부성란(浮性卵) : 알이 물보다 가벼워서 물에 뜨는 것으로, 알이 부화한 뒤 새끼가 먹이를 쉽게 찾고 해류를 따라 넓은 지역으로 흩어질 수 있다.

▶ 부착조류 : 바위 등에 붙어서 사는 작은 식물

▶ 새파 : 물고기의 아가미 뚜껑 안쪽에 고드름처럼 줄지어 있는 돌기물. 플랑크톤 등 작은 먹이를 먹는 물고기는 새파의 수가 많고, 큰 먹이를 먹는 물고기는 그 수가 적다. 새파의 수, 모양은 물고기의 종을 구분하는 중요한 특징이다.

▶ 성전환 : 태어난 후 자라면서 암컷이 수컷, 혹은 수컷이 암컷으로 바뀌는 현상 (예 : 감성돔)

▶ 아종(亞種) : 동일한 종임에도 불구하고 사는 장소가 멀리 떨어져 있어서 마치 다른 종처럼 형태에 차이가 있는 것

▶ 어초(魚礁) : 물고기가 많이 모여 사는 바다의 융기부. 형태, 넓이, 수심, 저질(低質)에 따라 암초, 퇴(堆), 주(州) 등으로 불린다. 저인망 등의 남획을 방지하기 위하여 바다 밑에 투하하는 고기 아파트인 인공어초도 있다.

▶ 얼음낚시 : 얼음판에 구멍을 뚫고 미끼를 내려 붕어, 잉어, 빙어, 피라미 등을 낚는 것. 보통 견짓대를 사용하지만 대낚시를 하기도 한다.

▶ 옆줄(측선)비늘 : 옆줄을 이루는 개개의 비늘

▶ 용존산소 : 물에 녹에 있는 산소의 양으로, 물의 오염 정도를 알 수 있다.

▶ 유생(幼生) : 동물의 어린 생활 단계

▶ 육봉형(陸封形) : 해수와 담수를 왕래하는 물고기가 담수의 호수 등에 고립되어 여러 세대에 걸쳐 담수에 적응하여 생활하게 된 것

▶ 저서동물 : 물 속의 바닥에 사는 동물로, 갯지렁이처럼 흙 속에 묻혀 사는 동

용어풀이

물, 굴처럼 바위에 붙어서 사는 동물, 고둥류와 같이 바닥을 기어다니는 동물들이 포함된다.

▶ 전장(全長) : 물고기의 주둥이 끝부터 꼬리지느러미 끝까지의 전체 길이

▶ 종(種) : 분류의 기본 단위로 일정한 형태, 생태 및 생리적 특징을 가지면서 다른 종과는 생식적으로 격리되는 집단

▶ 체장(體長) : 물고기의 주둥이 앞 끝부터 꼬리지느러미 시작 부분까지의 길이

▶ 추성(돌기) : 잉어과(科) 물고기의 2차 성징으로 생식시기가 되면 수컷의 머리, 지느러미 및 몸의 피부에 표피가 두껍게 되어 돌기들이 돋아나는 것

갈겨니의 추성

▶ 플라이낚시 : 날벌레(fly)를 미끼로 써서 물고기를 낚는 것. 오랜 옛날에는 살아 있는 날곤충을 썼지만 지금은 새의 깃털이나 동물의 털로 만든 인조플라이를 사용한다.

▶ 피낭유충 : 기생충인 흡충류의 발육과정 중의 한 시기로 제2중간숙주인 물고기나 갑각류의 몸 표면 또는 몸 속에서 주머니에 싸인 상태로 기생한다.

▶ 피질돌기 : 표면에 돋아난 육질의 가시 또는 좁쌀 모양의 돌출물. 뼈로 이루어진 돌기는 골질돌기라 한다.

▶ 학명(學名) : 국제적으로 통용하기 위하여 사용되는 생물의 이름으로 라틴어로 이루어져 있다. 속(屬), 종(種), 명명자(命名者) 순으로 쓰며, 속명과 종명은 이탤릭체를 쓰거나 밑줄을 긋는다. 그러나 명명자는 정체를 사용한다.
(예 ; 잉어의 학명 : *Cyprinus carpio* Linnaeus)

▶ 한류성 / 난류성 물고기 : 명태와 같이 차가운 물에 사

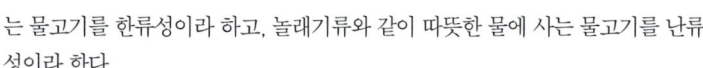

는 물고기를 한류성이라 하고, 놀래기류와 같이 따뜻한 물에 사는 물고기를 난류성이라 한다.

▶ 혼인색 : 산란시기를 맞은 물고기의 몸색깔이 아름다운 색을 띠는 것

피라미의 혼인색

▶ 훌치기낚시 : 여러 개의 갈고리바늘을 낚싯줄에 달아 물에 던진 뒤 빠른 속도로 낚싯줄을 감아들여 훑어 내듯이 고기를 잡는 방법으로 강도낚시라고도 한다.

▶ 흡반 : 동물이 다른 동물이나 물체에 달라붙기 위한 구조로, 배지느러미가 변형된 것이다. 망둑어과 물고기에서 볼 수 있다.

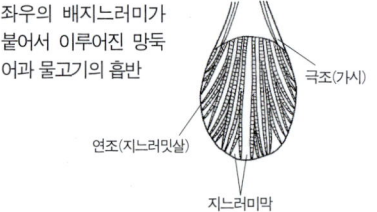

좌우의 배지느러미가 붙어서 이루어진 망둑어과 물고기의 흡반

극조(가시)
연조(지느러밋살)
지느러미막

물고기의 형태 및 각 부위 이름

▶ 돔 · 볼락류(참돔)

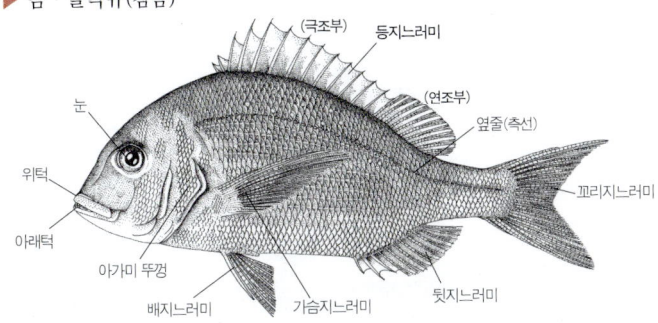

▶ 넙치 · 가자미류(문치가자미)

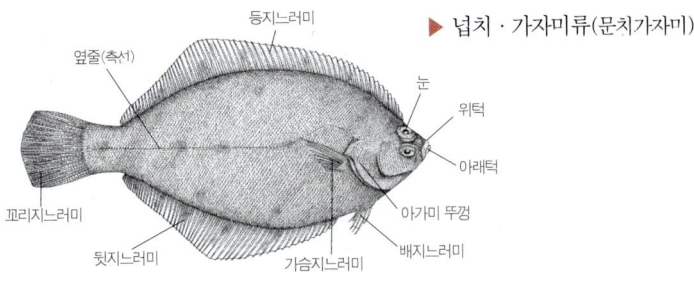

▶ 은어 · 연어류(은어)

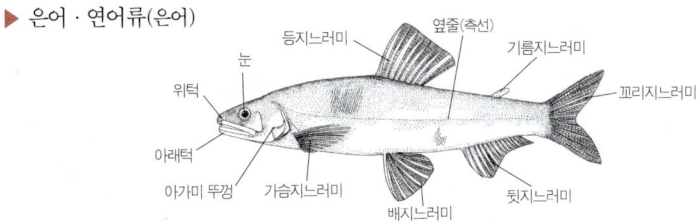

줄무늬의 모양

▶ 가로줄무늬(돌돔)   ▶ 세로줄무늬(용치놀래기)

 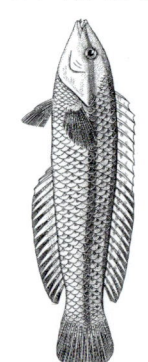

물고기의 줄무늬 형태를 설명할 때는 물고기의 입이 위로 향한 상태에서 좌우로 이어지는 무늬를 "가로줄무늬", 상하로 이어지는 무늬를 "세로줄무늬"라고 한다.

물고기의 신체 측정

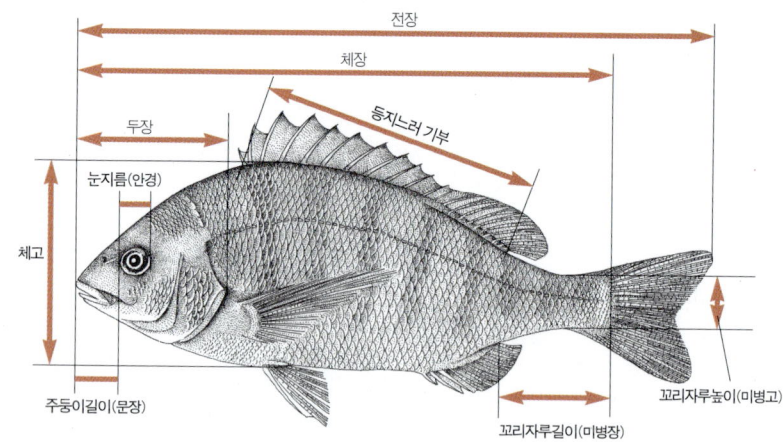

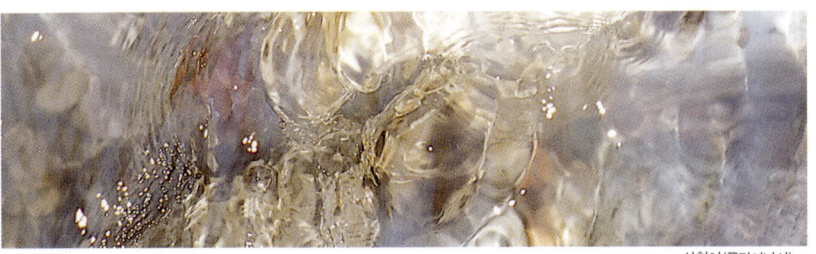

1부 민물·기수낚시 물고기

산천어(플라이낚시)

▶ 민물 · 기수낚시 물고기 구분

검색표 1

1a 배지느러미가 없다 [☞ 2번]

       2a 몸이 길고 장어형이다

            뱀장어과 [☞ 22쪽]

       2b 몸이 복어형이다

            참복과 [☞ 74쪽]

1b 배지느러미가 있다 [☞ 3번]

       3a 등지느러미와 꼬리지느러미 사이에 기름지느러미가 있다

   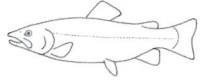

     바다빙어과 [☞ 49쪽]   연어과 [☞ 51쪽]

       3b 등지느러미와 꼬리지느러미 사이에 기름지느러미가 없다 [☞ 검색표 2]

검색표 2

1a 좌 · 우 배지느러미가 붙어서 원형의 흡반 모양이다

   망둑어과 [☞ 66쪽]

1b 배지느러미가 완전히 분리되어 양쪽으로 갈라져 있다 [☞ 2번]

2a 꼬리지느러미가 위·아래로 갈라져 있지 않고, 뒤 가장자리가
직선형이거나 둥근 모양이다 (☞ 3번)

3a 비늘이 있다

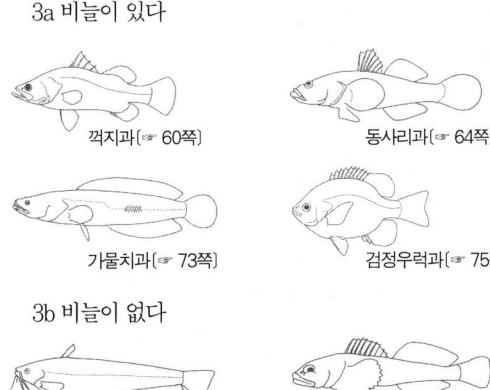

꺽지과 (☞ 60쪽)   동사리과 (☞ 64쪽)

가물치과 (☞ 73쪽)   검정우럭과 (☞ 75쪽)

3b 비늘이 없다

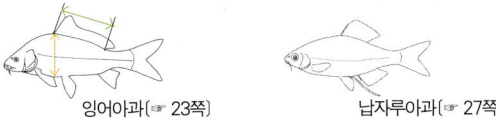

메기과 (☞ 47쪽)   둑중개과 (☞ 56쪽)

2b 꼬리지느러미가 제비꼬리처럼 위·아래로 갈라져 있다 (☞ 4번)

4a 등지느러미 기부가 몸높이보다 길거나 거의 같다

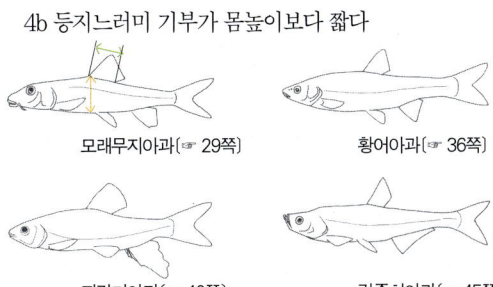

잉어아과 (☞ 23쪽)   납자루아과 (☞ 27쪽)

4b 등지느러미 기부가 몸높이보다 짧다

모래무지아과 (☞ 29쪽)   황어아과 (☞ 36쪽)

피라미아과 (☞ 40쪽)   강준치아과 (☞ 45쪽)

뱀장어 (뱀장어과)

영명 eel
일명 우나기(ウナギ)
방언 장어

낚시철 봄~가을
낚시터 댐호, 하천
요 리 소금(양념)구이·약용(즙)

분포

국내 동해 북부의 동해안으로 흐르는 하천을 제외한 모든 하천
국외 일본, 대만, 중국, 베트남

특징 몸은 뱀 모양으로 가늘고 긴 원통형이며, 꼬리는 좌우로 납작하다. 아주 작은 비늘이 몸 속에 묻혀 있기 때문에 몸 표면은 대단히 미끄럽다. 몸의 등쪽은 암갈색 또는 흑갈색이고 배쪽은 은백색이나 연한 황색이다.

생태 크고 작은 하천, 호수 및 저수지의 따뜻한 물에 산다. 육식성으로 새우, 게, 수서곤충, 지렁이, 어린 물고기 등을 먹으며 낮에는 돌밑이나 진흙 속에 숨어 있다가 주로 밤에 활동한다. 어미는 가을에 산란을 위해 바다로 내려가서 이듬해 봄부터 여름 사이에 산란을 한다. 그 해 가을에 유생에서 5센티미터 정도의 실뱀장어로 변태하여 해류를 타고 하천 하구에 도착한 뒤 진흙바닥에서 겨울을 나고 이듬해 2월부터 5월 무렵 각 하천으로 올라간다. 암컷은 몸길이〔전장〕1미터, 수컷은 70센티미터까지 자란다.

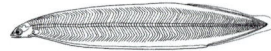
어미와 모양이 전혀 다른 뱀장어의 유생인 렙토세팔루스(leptocephalus).

Cyprinus carpio Linnaeus **잉어아과** 23

잉어 (잉어과 잉어아과)

영명 carp
일명 고이(コイ)
방언 선물치 · 주럭이

낚시철 사계절(특히 봄 · 가을)
낚시터 댐호, 저수지, 하천
요 리 회 · 매운탕 · 찜 · 약용(즙)

분포
국내 하천 · 댐호 · 저수지
국외 전 세계적

특징 몸은 길고 좌우로 납작하며, 비늘은 크고 기왓장처럼 배열되어 있다. 입 아래에 한 쌍의 수염이 있다. 몸은 녹갈색으로 등쪽은 짙고 배쪽은 연하다. 등지느러미와 꼬리지느러미는 약간 어두운 색이지만 그 외의 지느러미는 밝은 색이다.

생태 큰 강이나 저수지, 댐호 등의 깊은 곳에 산다. 물이 다소 탁한 곳을 좋아하며, 수초가 무성한 바닥 가까이를 떼지어 헤엄치는 습성이 있다. 잡식성으로 흙바닥의 수서곤충, 부착조류, 조개, 갑각류, 실지렁이, 수초 등을 입을 내밀어 빨아들이듯 먹고 때로는 어린 물고기도 먹는다. 입의 안쪽 목 깊숙한 곳에 "인두치"라고 하는 단단한 이빨이 있어서 딱딱한 조개도 깨물어 으깰 수 있다. 산란기는 5~6월로 성숙한 암컷 한 마리(40센티미터)가 10만~30만 개의 알을 낳는다. 보통 큰 것은 60센티미터 정도인데 10년 이상 자라면 몸길이가 1미터를 넘게 되며, 양어장에서 40년 이상 사는 경우도 있다.

24 잉어아과

잉어(군산대학교 양어장)

참고 잉어는 중앙아시아가 원산지이지만 적응력이 아주 강해 전 세계적으로 분포하고 있으며, 단위면적당 많은 양이 생산되기 때문에 국내외에서 양식용으로 기르고 있다. 모양이 갖추어진 품격 있는 민물고기의 왕자로서 인기가 높다. 양식용으로 개량된 이스라엘잉어(향어)와 관상용으로 개량된 비단잉어도 잉어와 같은 종이다. 잉어 낚시의 가장 좋은 시기는 산란기인 봄과, 겨울철에 대비하여 먹이를 많이 먹는 가을이다. 잉어는 이동하는 일정한 통로나 먹이를 먹는 장소가 있다고 알려져 있기 때문에 우선 좋은 장소를 찾는 것에서부터 잉어 낚시는 시작된다고 할 수 있다. 산란기인 봄과 기름이 오른 겨울철에 맛이 있는데, 일본에서는 여름철의 잉어 냉회를 즐기기도 한다.

Carassius auratus (Linnaeus) 잉어아과

붕어 (잉어과 잉어아과)

영명 crusian carp
일명 후나(フナ)
방언 희나리 · 뺌치

낚시철 사계절
낚시터 댐호, 저수지, 하천
요 리 매운탕 · 찜 · 약용(즙)

분포
국내 담수역의 전역
국외 아시아, 유럽 대륙

특징 몸은 긴 타원형에 좌우로 약간 납작하며 입가에 수염은 없다. 몸의 등쪽은 녹갈색이고 배쪽은 은백색 혹은 황갈색이다. 등지느러미와 꼬리지느러미는 청갈색이고 다른 지느러미는 무색이다.

생태 환경오염에 대한 적응력이 강하고, 하천 중류 이하의 물 흐름이 느린 수역이나 수초가 많은 곳에 살며, 동물성 플랑크톤을 주로 먹는다. 산란기는 4~7월이며 알은 수초에 부착한다. 몸길이는 30센티미터 이상 자라는데 40센티미터 이상 자라는 경우는 극히 드물고 이 정도 자라는 데는 10년 이상 걸린다.

붕어(청평내수면연구소)

참고 1972년 일본으로부터 우리나라의 여러 하천과 저수지에 떡붕어가 자원조성용으로 도입된 후 호수와 저수지에서는 우리나라 토종 붕어보다 더 많이 나타나는 곳도 있다. 관상용으로 기르는 금붕어는 붕어의 변이 품종으로, 오래 전부터 색깔이 다른 붕어를 인위적으로 개발한 것이다. 금붕어의 원산지는 중국인데 일본에서 이 품종을 도입, 돌연변이나 교잡을 이용해 많은 품종을 만들어 내고 관상용으로 사육중이다.

Acheilognathus lanceolatus (Temminck and Schlegel) **납자루아과**

납자루(잉어과 납자루아과)

영명 slender bitterling
일명 야리타나고(ヤリタナゴ)
방언 끌납저리

낚시철 사계절
낚시터 하천 중·하류
요 리 대개 먹지 않음

분포
국내 서해·남해안으로 흐르는 전 하천
국외 일본

특징 몸은 좌우로 납작하고 몸높이는 낮은 편이다. 입가에 눈의 크기보다 약간 긴 한 쌍의 수염이 있다. 산란기의 암컷은 실 모양의 긴 산란관을 매달고 있다. 몸색깔은 금속성 광택을 띠고 은백색 바탕에 등쪽은 청갈색, 배쪽은 은백색이다. 산란기에는 몸에 붉은색과 보라색 빛이 나타나 아름다워진다.

생태 많은 납자루아과 물고기 가운데 납자루는 물살이 빠르고 수심이 낮으며 자갈이 깔린 곳을 좋아한다. 작은 곤충이나 부착조류를 먹으며 산란기는 4~6월이다. 큰 것은 몸길이가 10센티미터 이상 자란다.

참고 잉어과의 납자루아과 물고기는 몸이 납작하고 크기가 작은 담수어로서 세계적으로 약 40종, 우리나라에 13종이 알려져 있다. 산란기에 암컷은 실 모양의 긴 산란관을 달고 다니는데, 암컷이 조개의 몸 안에 알을 낳으면 수컷이 여기에 방정을 한다.

납자루아과

주요 낚시대상 물고기는 아니고 다른 물고기를 낚다가 원치 않게 걸려 올라오는 경우가 많다. 지방에 따라 먹는 곳도 있으나 대개 버리는 곳이 많다. 맛은 없지만 산란기의 수컷은 매우 아름다운 혼인색을 띠며 산란기가 아니더라도 관상용으로 적합한 물고기이다. 이 종류는 형태적으로 비슷한 점이 많아서 몇 종은 구분하기가 까다로워 전문학자들 사이에서도 분류학적 논란이 되고 있다. 우리나라의 납자루아과 물고기는 입수염이 완전한 납자루속, 입수염이 없는 납줄개속, 아주 작은 입수염을 가진 큰납지리속 등 3개의 속으로 구분된다. 이들 물고기에 대해 더 자세히 알고 싶은 독자들은 『한국동식물도감』(1997년, 교육부) 등 기타 도감을 참고하기 바란다.

관상용으로 기르기 좋은 아름다운 납자루아과 물고기들

등지느러미 가장자리가 연한 황색을 띠는 묵납자루

아름다운 붉은 색을 띠는 흰줄납줄개

여러 줄의 암청색 줄무늬가 있는 줄납자루

Pseudorasbora parva (Temminck and Schlegel) 모래무지아과

(청평내수면연구소)

참붕어 (잉어과 모래무지아과)

영명 false dace
일명 모쓰고(モツゴ)
방언 뾰죽피리 · 동구리

낚시철 겨울
낚시터 저수지, 하천
요 리 매운탕

분포
국내 전 담수지역
국외 중국, 대만, 일본

특징 몸은 길고 좌우로 납작하며 비늘이 크다. 아래턱이 위턱보다 길며, 몸의 바탕은 은색에 등쪽이 암갈색을 띤다. 각 비늘들의 뒤쪽 가장자리는 초승달 모양으로 검게 되어 있다.

생태 저수지와 냇가의 물 흐름이 느리고 수초가 많은 곳의 수면 가까이에서 떼를 지어 산다. 잡식성으로 부착조류, 수서곤충, 지렁이를 먹으며, 수질오염에 내성이 강하다. 산란기는 5~6월로 돌이나 수초에 산란하고 수컷이 알을 지킨다. 주요 낚시대상 물고기는 아니지만 저수지와 하천에서 낚시에 걸려 나온다. 몸길이 10센티미터 미만의 볼품 없는 물고기지만, 위를 향해 작은 입으로 쿡쿡 찌르듯 날쌔게 미끼를 낚아채는 교묘한 행동은 어떤 민물고기도 흉내낼 수 없다. 간디스토마의 제2중간숙주가 되는 담수어류 가운데 가장 많은 피낭유충을 가지고 있다. 특히 비늘 밑의 근육 내에서 피낭유충이 된 후 1개월이 지나면 중간숙주인 인간에게 감염능력이 생긴다.

모래무지아과 *Pungtungia herzi* Herzenstein

돌고기 (잉어과 모래무지아과)

영명 striped shinner
일명 무기쓰쿠(ムギツク)
방언 중타래·똘중어
　　　등미리·똥고기

낚시철 사계절
낚시터 하천
요 리 매운탕

분포
국내 압록강 이남의 서해와 남해 유입 하천, 함경북도를 제외한 동해 유입 하천
국외 중국 북부, 일본 남부

특징 머리 끝이 가늘고 뾰족하며 몸의 앞쪽은 좌우로 약간 납작한 원통형이고 꼬리 부분은 좌우로 납작하다. 윗입술은 양쪽이 두꺼워 말발굽과 같은 모양이고, 입가에 한 쌍의 수염이 있다. 몸의 등쪽은 암갈색, 배쪽은 담황색을 띤다. 몸의 중앙에는 주둥이 앞 끝부터 눈을 지나서 꼬리지느러미 앞까지 검은 줄무늬가 있다.

생태 물 흐름이 완만한 맑은 하천의, 큰 돌이 많고 물이 고이는 곳에서 생활한다. 부착조류와 수서곤충의 유충을 입으로 쿡쿡 찌르듯이 하여 먹는다. 산란기는 5~6월로 바닥에 있는 큰 돌의 옆면, 또는 갈라진 바위틈에 산란한다. 큰 것은 몸길이가 15센티미터 이상인데 이것은 4년 이상 자란 것이다. 사람의 그림자나 물건 소리에 민감한 고기로 낚시인들의 의도와 관계없이 잡히는 경우가 많다.

모래무지아과 31

참고 돌고기는 1892년 헬첸스타인이 우리나라 중부지방 풍동에서 처음 채집하여 신종으로 발표했다. 비슷한 종으로는 감돌고기(*Pseudopungtungia nigra*)와 가는돌고기(*pseudopuntungia tenuicorpa*)가 있다. 감돌고기는 등지느러미, 꼬리지느러미, 배지느러미, 뒷지느러미에 2개의 검은 줄무늬가 있어서 돌고기와 잘 구분된다. 또 가는돌고기는 위의 두 종보다 몸이 작고 가늘며 등지느러미 윗부분에 희미한 검은 줄무늬가 하나 있어서 위의 두 종과 구분할 수 있다. 이 가는돌고기는 전상린 박사와 최기철 박사가 1980년 강원도 횡성에서 몸길이 7.8센티미터의 것을 처음 채집하여 신종으로 보고하였다. 감돌고기와 가는돌고기는 하천의 민물낚시에 잡혀 올라오기도 하는데, 비교적 흔한 돌고기와는 달리 우리나라 고유종으로 그 수가 감소하고 있는 희소종으로서 관심과 보호가 요구된다.

돌고기 · 감돌고기 · 가는돌고기의 구분

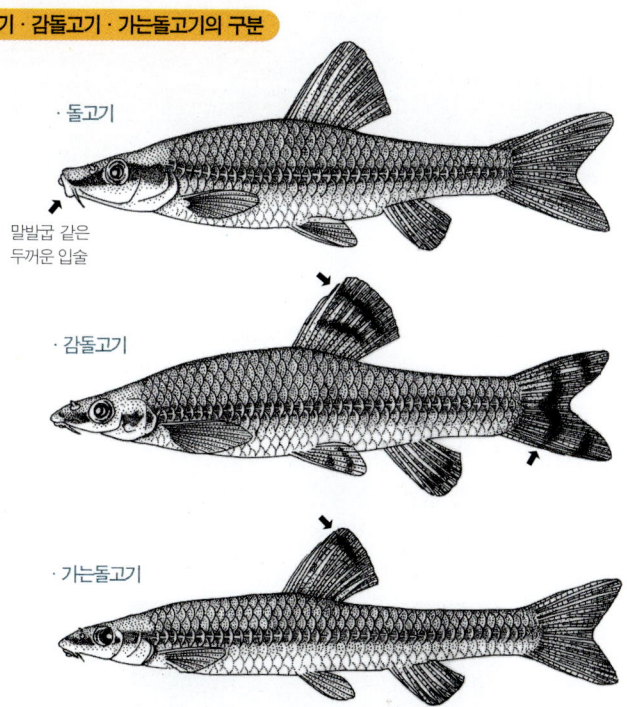

· 돌고기
말발굽 같은 두꺼운 입술

· 감돌고기

· 가는돌고기

돌고기는 지느러미에 무늬가 없으나 감돌고기는 등지느러미, 꼬리지느러미, 배지느러미, 뒷지느러미에 2개씩의 짙은 검은색 줄무늬가 있고, 가는돌고기는 등지느러미에만 한 줄의 희미한 검은색 줄무늬가 있으며 몸통도 가늘다.

Hemibarbus labeo (Pallas)

누치 (잉어과 모래무지아과)

영명 steed barbel
일명 고라이니고이(コライニゴイ)
방언 눈치

낚시철 사계절
낚시터 큰 강의 중·하류
요 리 매운탕·구이·젓

분포

국내 한강, 금강, 만경강, 영산강, 섬진강, 낙동강
국외 베트남, 중국, 일본

특징 몸은 길고 주둥이 아래쪽에 입이 있으며 입가에 한 쌍의 수염이 있다. 몸은 은색이며 등쪽은 어두운 색이다. 어린 것은 동공만한 크기의 6개의 어두운 반점이 몸 좌우로 배열되어 있는데 자랄수록 희미해진다.

생태 맑고 깊은 물이 흐르는 큰 강의 모래와 자갈이 깔려 있는 바닥에 살며 수서곤충의 유충, 실지렁이, 갑각류를 먹는다. 산란기는 5월이며, 큰 것은 몸길이 45센티미터까지 자란다. 대낚시와 루어낚시로 낚는다.

누치(청평내수면연구소)

Hemibarbus longirostris (Regan) 　모래무지아과

(사진제공 『월간낚시』)

참마자 (잉어과 모래무지아과)

영명　long nose barbel
일명　즈나가니고이(ズナガニゴイ)
방언　마자 · 매자

낚시철　사계절
낚시터　큰 강의 상 · 중류
요　리　회 · 매운탕 · 구이 · 찜

분포

국내　한강, 금강, 만경강
　　　영산강, 섬진강, 낙동강
국외　중국, 일본

특징 몸은 길고 주둥이 아래쪽에 입이 있다. 입가에 한 쌍의 수염이 있다. 몸 전체가 금속 광택을 띠며 등쪽은 암갈색, 배쪽은 은백색이다. 몸 옆면에는 8줄 정도의 검은점이 일정한 간격으로 늘어서 있고 등지느러미와 꼬리지느러미에 아주 작은 검은점이 흩어져 있다.

생태 물이 맑은 하천 중상류의 모래와 자갈바닥에 살며, 부착조류나 수서곤충을 먹는다. 5~6월에 모래나 자갈바닥에 산란한다. 큰 것은 몸길이 30센티미터에 달한다.

어름치 (잉어과 모래무지아과)

★ **천연기념물**

영명 spotted barbel
일명 ヤガタニゴイ(ヤガタニゴイ)
방언 반어

서식처 강의 상·중류

분포

국내 한강·금강 상류
(한국 고유종)

1907년 베르그(Berg)가 우리나라 금강(금산)에서 처음으로 채집하여 신종으로 보고한 어름치. 금강의 어름치는 천연기념물 238호, 어름치 종 자체는 천연기념물 259호로 지정, 법으로 보호되고 있으므로 낚시에 잡히더라도 반드시 살려 보호해야 한다.

특징 몸은 원통형에 가까우며, 좌우로 납작하다. 몸의 앞부분은 굵고 뒤쪽으로 갈수록 가늘며 납작해진다. 입가에 한 쌍의 수염이 있다. 몸의 등쪽은 암갈색이며 배쪽은 은백색이다. 몸에 검은 점으로 이어지는 7~8개의 줄이 있다. 등지느러미, 꼬리지느러미, 뒷지느러미에는 3줄 혹은 그 이상의 검은색 줄무늬가 있다.

생태 큰 강 중상류의 물이 맑고 자갈이 깔려 있는 깊은 곳에서 산다. 수서곤충을 주로 먹고 그 밖에 갑각류나 소형동물을 먹는다. 산란기는 4~5월이며, 물 흐름이 완만한 여울바닥에 웅덩이를 파고 산란한다. 특히 산란탑을 쌓는 물고기로 잘 알려져 있다. 큰 것의 몸길이는 40센티미터에 달한다.

Pseudogobio esocinus Temminck and Schlegel **모래무지아과** 35

모래무지 (잉어과 모래무지아과)

영명 goby minnow
일명 가마쓰카(カマツカ)
방언 모재·모래마재

낚시철 봄~가을
낚시터 강의 상·중류
요 리 매운탕·찜

분포

국내 서해·남해로 흐르는 하천
국외 중국, 일본

특징 몸은 길고 원통형이며 뒤쪽으로 갈수록 가늘어진다. 주둥이는 길고 주둥이 아래쪽에 입이 있다. 입가에 한 쌍의 수염이 있다. 몸 옆면에 6~7개의 검은색 반점이 같은 간격으로 배열되어 있다. 등지느러미, 가슴지느러미, 꼬리지느러미, 배지느러미에 작은 검은점이 있고 뒷지느러미는 옅은 색이다.

생태 물이 맑은 하천의 모래바닥에 사는데 이름처럼 모래 속으로 파고드는 습성을 가지고 있다. 육식성으로 가슴지느러미를 이용해 바닥의 모래를 파헤치면서 동시에 입을 내밀어 수서곤충의 유충이나 작은 동물을 모래와 같이 빨아들인다. 그러고 나서 불필요한 모래는 다시 아가미 밖으로 뿜어낸다. 산란기는 5~6월로 모래 속에 알을 묻는다. 어미의 몸길이는 보통 15센티미터 정도지만 드물게 20센티미터를 넘는 것도 있다. 피라미 낚시에 걸려드는 경우가 많은데 최근에는 모래무지만을 대상으로 낚시를 하기도 한다. 수질오염의 영향을 받기 쉬운 물고기이다.

황어 (잉어과 황어아과)

영명 sea rundace
일명 우구이(ウグイ)

낚시철 봄~가을
낚시터 강 하류
요 리 회·매운탕·구이

분포
국내 섬진강, 동해안의 하천
국외 일본, 사할린

특징 몸이 길고 주둥이는 뾰족하다. 등쪽은 암청갈색 또는 황갈색이고 배쪽은 은백색이다. 황어란 이름은 몸의 색깔에 의해서 붙여진 것이다. 산란기인 이른 봄에 암수 모두 몸의 옆면과 지느러미 일부에 적황색 줄무늬가 나타나는데 수컷에게서 더욱 뚜렷한 무늬를 볼 수 있다.

생태 물이 비교적 맑은 하천의 상류에서 수서곤충, 어린 물고기, 물고기 알, 갑각류, 조개, 물 위에 떨어진 벌레나 식물의 잎, 줄기, 씨 등을 먹는다. 따라서 낚싯밥도 어육소시지, 구운 달걀, 번데기, 벌레 등을 다양하게 사용할 수 있다. 바다와 하천을 드나드는 회유성 물고기로 거의 대부분의 일생을 바다에서 보내다가 3월 중순경 하천으로 올라와 집단적으로 알을 낳는다. 겨울에서 산란기인 봄에 이를 때 가장 맛이 좋다. 몸길이는 50센티미터에 달하며, 이 정도 자라기까지는 4년 이상 걸린다.

참고 황어와 비슷한 종으로는 대황어(*Tribolodon brandti*)가 있다. 대황어는 잉어목 잉어과 황어아과 황어속의 물고기로 우리나라 동해안 북쪽 하천의 기수역과 연안의 비교적 얕은 곳에 사는데, 동해의 죽산천, 송천천, 추천에서 조사되었고 국외에서는 일본의 일부 수역, 사할린, 연해주 등에 살고 있다. 대부분의 생태 및 형태가 황어와 비슷하지만, 형태적으로 머리 부분의 감각기관이 다르고, 산란기에 혼인색이 차이를 보인다. 또 황어보다 북방계로, 크기도 50센티미터 남짓의 황어보다 커서 60센티미터 이상 자라는 것으로 알려져 있다. 우리나라에 사는 것은 1984년에 처음 알려졌다.

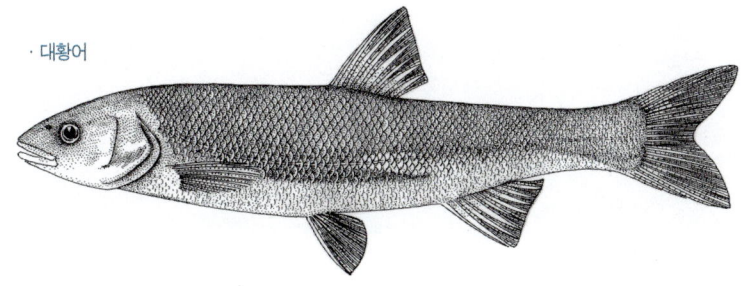

· 대황어

물고기의 성장 단계

- 전자어(前仔魚) : 알에서 부화한 직후부터 난황의 흡수가 완료될 때까지의 물고기(물고기는 부화 직후 입이 열리지 않아 먹이를 먹을 수 없으므로 부화 후 며칠 동안은 부화할 때 달고 나온 난황으로부터 양분을 흡수한다)
- 후자어(後仔魚) : 난황이 모두 흡수된 직후부터 모든 지느러미의 극조와 연조가 나타날 때까지의 물고기
- 치어(稚魚) : 후자어 이후로 종의 특징은 나타나지만 몸의 줄무늬나 색깔은 완전하지 않다.
- 미성어(未成魚) : 몸의 모양이나 생김은 어미와 같지만 아직 성적으로 미성숙하다.
- 성어(成魚) : 완전히 성숙하여 생식능력을 가진 물고기
- 노성어(老成魚) : 생식 기능이 쇠퇴한 늙은 고기

황어아과 *Rhynchocypris oxycephalus* (Sauvage and Dabry)

버들치 (잉어과 황어아과)

영명 chinese minnow
일명 다카하야(タカハヤ)
방언 중타래 · 중태기 · 보드래기

낚시철 사계절
낚시터 계곡, 강 상류
요 리 보통 먹지 않음

분포

국내 서해 · 남해로 흐르는 하천의 상류와 중류 계곡, 동해안의 하천
국외 일본 중 · 남부

특징 몸은 가늘고 길며 좌우로 납작한 편이다. 입은 주둥이 끝의 약간 아래에 있고 위턱이 아래턱을 둘러싸고 있다. 몸은 황갈색 바탕에 등쪽은 암적색, 배쪽은 담색이다. 등쪽에 아주 작은 검은점들이 흩어져 있다.

생태 산간 계곡의 찬물이나 강의 상류에서 수서곤충이나 갑각류, 실지렁이, 부착조류를 먹고 산다. 산란기는 5~6월이고 어미는 15센티미터 이상 자란다.

> **물고기에 대한 우리나라의 가장 오래된 기록은?**
>
> 1425년 하연이 펴낸 『경상도 지리지- 토산부』로 25종의 물고기 이름과 산지가 수록되어 있다. 이후 1814년 정약전은 그의 저서 『자산어보』에서 우리나라의 물고기 101종의 이름과 형태, 생태적 특징, 이용에 대해 자세히 기록하였다.

Rhynchocypris steindachneri (Sauvage) **황어아과** 39

버들개

참고 버들치는 주요 낚시대상 물고기는 아니지만, 계곡이나 강 상류에 흔한 물고기로 민물낚시에 걸려 나오기도 한다. 버들치와 비슷한 종으로는 우리나라의 동해 북부 하천(강원도 강릉 이북)에 살고 있는 버들개가 있다. 버들치와 버들개를 일반인들이 구분하기는 쉽지 않으나 다음의 특징으로 구분할 수 있다.

버들치 옆줄비늘 수 : 72~78개, 옆줄상부비늘 수 : 18~20개, 새파 수 : 5~7개
버들개 옆줄비늘 수 : 80~88개, 옆줄상부비늘 수 : 22~24개, 새파 수 : 8~9개

우리나라의 물고기가 과학적인 방법으로 처음 알려지게 된 것은?

1892년 헬첸슈타인이 우리나라의 풍동지방에서 채집한 돌고기를 신종으로 처음 기재하였다. 이후 1905년 미국의 어류학자 조단은 스타크스와 함께 우리나라 물고기 71종을 소개하였고, 역시 조단과 메츠가 1913년 254종의 우리나라 물고기를 소개하였다.

40 **피라미아과** *Zacco platypus* (Temminck and Schlegel)

수컷(위) · 암컷(아래)

피라미 (잉어과 피라미아과)

영명 pale chub
일명 오이카와(オイカワ)
방언 불거지 · 행베리 · 피래미

낚시철 사계절
낚시터 강의 중 · 하류, 호수
요 리 매운탕 · 찜 · 튀김

분포
국내 서해 · 남해로 흐르는 하천, 저수지
국외 중국, 대만, 일본

특징 몸은 좌우로 납작하고 길다. 10센티미터를 넘게 되면 수컷은 뒷지느러미가 길어지고 몸색깔이 화려해진다. 산란기가 되면 수컷은 머리가 검어지고 좁쌀 모양의 추성이 나타나며 몸에는 연한 청색 바탕에 밝은 적색이 군데군데 나타나는데, 이 때문에 피라미의 수컷을 "불거지"라고 부르는 지방도 있다. 한편 암컷은 몸에 은은한 무지개색이 나타나기는 하지만 금속성의 은백색을 띠기 때문에 수컷과 쉽게 구분된다.

생태 물이 맑은 하천 중류의 여울에 주로 살며, 잡식성으로 부착조류, 플랑크톤, 수서곤충의 유충이나 성충 등 서식환경에 따라 다양한 먹이를 먹는다. 산란기는 5~7월로 수컷이 모래나 자갈바닥에 산란장을 만들어 암컷을 유인하며 산란과 방정이 동시에 일어난다. 이때 암수 모두 뒷지느러미로 바닥을 파고 덮는 행동을 한다. 한 마리의 수컷이 여러 마리의 암컷과 산란행동을 한다. 13센티미터까지 자라려면 3년이 걸리고 수컷이 더 크다.

Zacco temmincki (Temminck and Schlegel) **피라미아과**

갈겨니 (잉어과 피라미아과)

영명 dark chub
일명 가와무쓰(カワムツ)
방언 불지네 · 왕눈이

낚시철 사계절
낚시터 계곡, 강의 상 · 중류
요 리 매운탕 · 찜 · 튀김

분포
국내 서해 · 남해로 흐르는 하천, 동해로 흐르는 일부 하천
국외 중국, 일본

특징 몸은 좌우로 납작하고 길다. 주둥이는 약간 짧고 뭉툭하며 눈이 크기 때문에 "왕눈이"라고 불리기도 한다. 몸색깔은 등쪽은 녹갈색, 배쪽은 은백색이다. 산란기가 되면 수컷은 온몸에 황색이나 홍적색을 띠게 된다.

생태 하천 중상류의 물 흐름이 비교적 느린 곳에 살며, 계곡까지 올라가면서 수서곤충을 주로 먹는다. 산란기는 6~8월이며, 큰 것은 몸길이가 20센티미터를 넘는데 이런 것들은 적어도 5년 이상 자란 것들이다. 최근에는 우리나라에도 플라이낚시가 도입되어 활성화되면서 계곡에 사는 산천어 외에 갈겨니가 낚시대상 물고기로 각광을 받고 있다. 하천이 오염되기 전에는 피라미보다 우점종이었으나 하천이 파괴되면서 피라미에게 서식처를 빼앗기고 있다.

42 피라미아과

갈겨니(강원도 백담사 계곡)

참고 갈겨니를 피라미와 혼동하는 경우가 많은데 갈겨니는 피라미보다 눈이 크고 등지느러미 아래에서 꼬리지느러미 앞까지 이어지는 어두운 줄무늬가 있다. 물가에서 기회가 있다면 피라미와 갈겨니를 구분해 보자. 처음 시도해 보는 사람이라면 이것도 쉬운 일은 아니지만 물고기를 구분하는 묘미를 차츰 느끼게 될 것이다. 갈겨니는 보통 피라미와 함께 매운탕으로 먹는데 맛은 피라미보다 덜하다.

Opsariichthys uncirostris amurensis Berg **피라미아과**

끄리 (잉어과 피라미아과)

영명 Korean piscivorous chub
일명 고라이하스(コライハス)
방언 어헤

낚시철 봄~가을
낚시터 강의 중·하류
　　　 저수지, 큰 호수
요 리 매운탕·찜

분포

국내 동해로 흐르는 하천을
　　　제외한 모든 하천
국외 중국, 시베리아

특징 몸이 길고 좌우로 납작하다. 옆에서 보면 입이 "V"자 형으로 되어 있어서 입 모양만으로도 다른 물고기와 쉽게 구분할 수 있다. 몸의 등쪽은 진한 갈색이고 배는 은백색이다. 산란기가 되면 수컷은 머리 밑에서 배까지 주황색을 띠며 가슴지느러미, 배지느러미, 뒷지느러미의 일부도 주황색을 띤다.

생태 큰 강의 하류에 살며, 어릴 때는 부착조류, 수초, 수서곤충 등을 먹는다. 어미가 되면 공격적인 성질의 육식성 물고기로 변하여 갑각류, 실지렁이, 다른 물고기 등을 먹는데 주로 움직이는 물고기를 잡아먹기 때문에 대낚시, 루어낚시, 플라이낚시 등 어느 것에도 잘 걸려든다. 산란기는 5~6월로 추정되며, 4년 자라면 25센티미터를 넘게 되고 큰 것은 몸길이가 40센티미터를 넘는다. 민물고기로는 비교적 큰 편이라 인기 있는 민물낚시 물고기이다.

"V"자 형의 끄리 입 모양

44 피라미아과 *Squaliobarbus curriculus* (Richardson)

눈불개(잉어과 피라미아과)

★ 보호대상종

일명 가와아카메(カワアカメ)
방언 홍안자

서식처 강의 중·하류

분포
국내 대동강, 한강, 금강
국외 중국

특징 몸은 원통형으로 길고, 꼬리로 갈수록 좌우로 납작해진다. 위턱이 아래턱보다 약간 길고 입가에 아주 작은 한 쌍의 수염이 있다. 몸색깔은 등쪽은 갈색, 배쪽은 은백색이다. 옆줄 위에 있는 비늘 중앙에 흑갈색 점이 있어서 7~8개의 세로줄무늬가 있는 것처럼 보인다. 숭어와 모양이 비슷하지만, 눈불개는 등지느러미가 1개이고 숭어는 등지느러미가 2개이다.

생태 큰 강 하류의 물 흐름이 느린 곳에서 단독으로 생활하다가 산란기에 무리를 이룬다. 잡식성으로 부착조류, 수초, 수서곤충, 물고기 알을 먹는다. 산란기는 6~8월로 추정될 뿐 잘 알려져 있지 않다. 큰 것은 몸길이가 40센티미터를 넘는다. 최근에는 아주 희귀해진 물고기로 보호가 요구되는 종이다. 군산대 최윤 교수는 1998년 여름 금강 하구에 눈불개가 다량 서식하는 것을 확인한 바 있는데, 한편에서는 불법어망으로 잡힌 눈불개들이 군산 해망동 어시장에 수십 마리씩 놓여 있는 것도 목격되었다.

Erythroculter erythropterus (Basilewsky) 강준치아과 45

강준치(잉어과 강준치아과)

영명 skygager
일명 가와히라(カワヒラ)
방언 단물준치

낚시철 사계절(가을철)
낚시터 큰 강의 중·하류(금강, 한강), 큰 호수
요 리 구이, 매운탕

분포

국내 임진강, 한강, 금강 하류
국외 중국, 대만

특징 몸은 좌우로 납작하고 길다. 머리는 작은 편이고 머리 윗부분이 안으로 약간 파여 있다. 몸은 은백색이고 등쪽은 짙은 갈색이다.

생태 큰 강 중류와 하류의 물이 많고 흐름이 완만한 곳에 단독으로 혹은 수십 마리가 떼를 지어 살며, 갑각류, 수서곤충, 어린 물고기를 먹는다. 산란기는 5~7월로 수초에 알을 붙이는데 15센티미터를 넘으면 산란할 수 있다. 20센티미터 이상 자라려면 5년이 걸리는 것으로 알려져 있는데, 1999년 금강 하구둑 부근에서 몸길이 80센티미터의 큰 강준치가 확인되었다. 날쌘돌이라 불릴 정도로 낚싯줄에 걸렸을 때 물을 치고 나오는 역동감이 낚시인들에게 즐거움을 주며, 견지낚시나 루어낚시로 인기 있는 민물고기이다.

강준치아과 *Hemiculter eigenmanni* (Jordan and Metz)

치리(잉어과 강준치아과)

영명 Korean sharpbelly
일명 가와사파(カワサバ)
방언 살치

낚시철 봄~가을
낚시터 강의 중·하류
 큰 호수, 저수지
요 리 매운탕

분포
국내 하천·댐호·저수지
국외 전 세계적

특징 몸은 좌우로 납작하고 길다. 주둥이 끝은 위쪽을 향하고, 옆줄이 가슴지느러미 뒤에서 아래쪽으로 급격히 휘어져 내려간다. 몸의 등쪽은 짙은 갈색, 배쪽은 금속 광택의 은백색이다.

생태 강물이 완만하게 흐르는 곳이나 저수지에 살며 물의 수면 가까이나 중층을 헤엄쳐 다닌다. 먹이는 식물의 씨앗, 수서곤충, 작은 동물 등을 먹는다. 산란기는 6~7월이고 어미는 20센티미터 이상 자란다. 주요 낚시대상 물고기는 아니지만 강준치 등의 낚시에 드물게 걸려 나오기도 한다. 일부 지역에서 "살치"라고 부르기도 하지만 실제 치리와 매우 비슷한 종으로 "살치"라는 물고기는 따로 있다. 치리와 살치는 어류전문가라도 현장에서 직접 구분하기가 쉽지 않을 정도로 매우 비슷하지만 옆줄비늘 수와 새파 수의 차이로 구분한다.

치리 옆줄비늘 수 : 50~55개, 새파 수 : 17~21개
살치 옆줄비늘 수 : 45~49개, 새파 수 : 26~32개

Silurus asotus Linnaeus 메기과 47

메기(메기과)

영명 far eastern catfish
일명 나마즈(ナマズ)
방언 미기

낚시철 봄~가을
낚시터 강의 중·하류
    호수, 저수지
요 리 매운탕·찜·약용

분포
국내 전 담수지역
국외 중국, 대만, 일본

특징 몸의 앞부분은 원통형이고 뒤로 갈수록 좌우로 납작해진다. 머리의 앞부분은 위아래로 납작하다. 아래턱이 위턱보다 길고 위턱과 아래턱에 각각 한 쌍씩 모두 두 쌍의 수염이 있다. 뒷지느러미는 매우 길어 꼬리지느러미와 연결되어 있다. 몸은 대부분 검은 갈색이고 가끔 구름 모양의 무늬가 있는 것도 있다.

생태 물의 흐름이 느리고 바닥에 진흙이 깔려 있는 하천이나 호수, 늪에 산다. 밤에 작은 물고기와 기타 동물을 먹는다. 움직임이 둔할 것으로 생각하는 사람들이 많으나, 수면 위의 개구리를 단숨에 먹을 정도로 민첩하다. 산란기인 5~7월에 수컷이 암컷의 배를 휘감아 압박하여 산란하고 알은 수초나 바닥에 붙인다. 큰 것은 몸길이 50센티미터 이상 자란다. 주로 루어낚시와 대낚시에 잡히며, 최근에는 양식되어 유료 낚시터에 많이 방류되어 있다.

48 메기과 *Silurus microdorsalis* (Mori)

(청평내수면연구소)

미유기

참고 메기와 모양이 아주 비슷해서 일반인들이 쉽게 혼동할 수 있는 물고기로는 미유기가 있다. 메기가 일본, 중국 등 다른 나라에도 분포하는 것과 달리 미유기는 우리나라에만 사는 한국 고유종이다. 이 두 종은 등지느러미의 크기와 턱 모양으로 구분한다. 메기의 등지느러미 길이는 눈 지름의 3배 이상이고 아래턱이 위턱보다 긴 데 비해, 미유기의 등지느러미 길이는 눈 지름과 거의 비슷하고 아래턱과 위턱의 길이도 거의 같다(그림 참조).

메기와 미유기의 구분

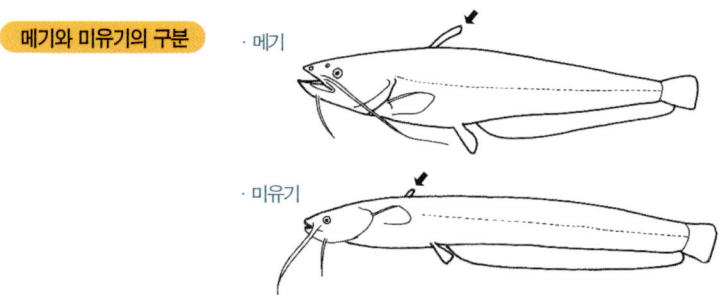

· 메기

· 미유기

Hypomesus olidus (Pallas) **바다빙어과** 49

빙어 (바다빙어과)

영명 pond smelt
일명 와카사기(ワカサギ)
방언 공어 · 동어

낚시철 겨울(얼음낚시)
낚시터 댐호, 저수지, 동해
　　　북부의 하천과 연안
금어기 3월 1~20일
요 리 회 · 매운탕 · 구
　　　이 · 튀김

분포
국내 동해 북부에 자연분포
　　 댐 · 저수지(이식)
국외 일본, 러시아, 알래
　　 스카

특징 몸이 가늘고 길며 좌우로 납작한 편이다. 등지느러미와 꼬리지느러미 사이에 기름지느러미가 있다. 입이 크고 아래턱이 위턱보다 약간 나와 있다. 몸색깔은 대체로 연한 백색이며 등쪽은 옅은 흑색, 배쪽은 백색이다. 아가미 뚜껑 뒤에서 꼬리지느러미 앞까지 은색의 굵은 줄무늬가 있다.

생태 저수지와 댐호에 이식된 빙어는 여름에는 깊은 곳에서 살다가 산란기가 되면 떼를 지어 개울로 이동한다. 어미는 2~4월에 저수지나 댐 상류의 개울 자갈바닥에 산란을 하고 죽는다. 먹이는 주로 동물성 플랑크톤을 먹고, 어미의 몸길이는 15센티미터 정도이다. 빙어 낚시는 견짓대만으로도 쉽게 낚을 수 있어서 겨울철 가족 낚시로도 좋다. 미끼로는 살아 움직이는 구더기를 이용하면 된다.

은어 (바다빙어과)

Plecoglossus altivelis Temminck and Schlegel

영명 sweet smelt
일명 아유(アユ)

낚시철 초여름~초가을
낚시터 강의 중·하류
　　　　일부 호수

금어기 9월 1일~10월 31일
요 리 회·구이

분포

국내 전국의 연안(울릉도 포함)으로 유입되는 하천

· 뒷지느러미에 의한 암수 구분

특징 주둥이가 뾰족하고 입이 크다. 아래턱에는 이빨이 빗 모양으로 배열되어 있다. 등지느러미와 꼬리지느러미 사이에 기름지느러미가 있다. 등쪽은 회갈색이고 배쪽은 은백색이다. 지느러미는 투명하지만 산란기가 되면 수컷은 몸색깔이 검어지고 지느러미가 황색을 띤다.

생태 바다에서 어린 시기를 보내고 봄철 하천의 수온이 오를 때 계곡으로 올라와 성장한다. 가을이 되면 하류로 내려가 여울에 산란하고 일생을 마친다. 부화한 어린 새끼는 바다로 흘러가 동물성 플랑크톤을 먹으며 다음 해 봄까지 지낸다. 바다에서 자라서 막 강으로 올라온 어린 은어는 잠시 동물성 플랑크톤이나 수서곤충의 유충을 먹지만, 얼마 안 가 이빨이 강해지면 돌이나 바위의 부착조류를 긁듯이 먹는다. 이때부터 조류가 자라는 돌 주위에 사방 1미터 내외의 세력권을 형성한다. 몸길이는 약 20~25센티미터 정도이지만 30센티미터를 넘는 것도 있다.

Oncorhynchus keta (Walbaum) 연어과 51

수컷(위)·암컷(아래)

연어 (연어과)

영명 chum salmon
일명 사케(サケ)

낚시철 가을
낚시터 강의 하류
금어기 10월 11일~11월 31일
요 리 회·소금(양념)구이

분포
국내 북부 동해안으로 흐르는 하천
국외 일본, 캘리포니아 칠레

특징 몸은 길고 좌우로 납작한 편에 기름지느러미가 있다. 입이 커서 위턱의 뒤 끝은 눈 뒤까지 이어진다. 산란기의 수컷은 턱이 매우 길어져 주둥이가 구부러지고 날카로운 이빨을 가지고 있다. 몸색깔은 은백색이지만 산란기가 되어 강으로 올라올 때면 수컷은 등쪽이 흑청색이 되고 나머지 부분은 전체적으로 연한 청색이 된다. 몸에 5~8개의 연한 청색 무늬가 나타나고, 그 중간은 적색이나 황색을 띤다. 암컷의 등쪽은 흑청색, 배쪽은 연한 청색과 은백색을 띤다.

생태 바다에서 살다가 가을에 자기가 태어난 하천으로 올라와 산란하는데 주로 3~6년생이 산란에 참여한다. 수컷과 암컷이 함께 꼬리지느러미를 이용하여 모래와 자갈이 깔린 하천바닥에 40센티미터 깊이의 산란장을 만든다. 산란 후에는 암컷이 꼬리지느러미를 이용하여 자갈로 알을 덮는다. 어미는 주로 갑각류를 먹고, 산란 후에는 암컷과 수컷 모두 죽는다.

연어(양양내수면연구소)

연어의 턱과 이빨

참고 연어는 바다에서 살다가 산란할 때 자기가 태어난 곳으로 돌아오는 모천회귀성을 가진 냉수성 물고기로, 북위 40도 이상의 북태평양 및 북극해와 바다로 유입되는 하천에 널리 분포한다. 몸길이 1미터, 몸무게 20킬로그램에 이르는 큰 물고기로, 외국에서는 물론 우리나라에서도 1970년대 이후 동해 연안 어업자원 조성을 목적으로 국립수산진흥원의 양양내수면연구소에서 연어 성숙란을 채취해 인공부화와 방류사업을 하고 있다. 일본에서는 산란을 위해 강으로 올라오는 시기에 바다에서 배낚시를 한다. 한편 산란을 위해 이미 강으로 올라온 어미 연어는 먹이를 먹지 않기 때문에 산란 직전에 훌치기낚시로 잡는다.

Brachymystax lenok tsinlingensis Li

열목어 (연어과)

★ 보호종

영명 manchurian trout
일명 고쿠치마스 (コクチマス)

서식처 계곡, 강 상류

분포

국내 북한 전역, 강원도
충청북도 · 경상북
도 일부
국외 만주, 시베리아

특징 입이 커서 위턱이 눈의 뒤까지 이어진다. 등지느러미는 몸 중앙에 있고, 등지느러미와 꼬리지느러미 사이에 기름지느러미가 있다. 턱에는 날카로운 이가 1~2줄로 배열되어 있다. 몸의 등쪽은 암청색이고 배쪽은 은백색에 가깝다. 배를 제외한 몸의 중간 부분과 등쪽에 검은 반점들이 흩어져 있고, 어릴 때는 산천어와 마찬가지로 희미한 흑갈색 가로줄무늬가 9~10개 나타나지만 어미가 되면 불분명해진다.

생태 물이 아주 맑고 수온이 낮은 상류에서 작은 물고기, 곤충, 작은 동물을 먹고 산다. 산란기는 4~5월이며, 수심 30센티미터 정도의 깊이에 물이 흐르는 여울의 가장자리나 모래 자갈바닥을 지느러미로 파헤치고 알을 낳는다.

열목어(사진제공 『월간낚시』)

> 참고 열목어는 환경부 야생동식물로 보호되고 있고 서식지는 천연기념물(제73, 74호)로 지정되어 있다. 낚시에 우연히 걸리더라도 반드시 살려 보호해야 할 물고기이다. 주로 플라이낚시에 많이 잡히지만 귀중한 보호종이므로 반드시 방류하여 불이익을 받지 않도록 주의해야 한다. 이런 보호종을 놓아줄 때 그냥 물 속에 던져 버리면 물고기는 충격을 받게 된다. 이때는 한 손으로 물고기의 양눈을 가리워 감싸고 한 손으로는 몸통을 가볍게 잡아 요동치지 못하도록 한 뒤 물고기의 몸을 물 속에 살짝 담그고 기다린다. 그러면 물고기는 잠시 후 살며시 헤엄쳐서 손에서 빠져나간다. 손으로 물고기의 눈을 가리는 것은 물고기에게 안정감을 주기 위해서이다.

열목어 서식지
(강원도 내린천 상류, 칡소폭포)

Oncorhynchus masou masou (Brevoort) 연어과 55

산천어 · 송어 (연어과)

영명 river salmon · trout
일명 야마베(ヤマベ) ·
　　 사쿠라마스(サクラマス)

낚시철 봄~가을
낚시터 강의 상 · 중 · 하류
포획금지 18cm 이하 (산천어)
　　　　 12cm 이하 (송어)
요 리 회 · 구이
　　　 매운탕 · 튀김

분포
국내 울진 이북의 동해로
　　 흐르는 하천
국외 일본, 알래스카, 러시아

특징 위턱이 약간 앞으로 나와 있고, 기름지느러미가 있다. 육봉형인 산천어는 등쪽은 황록색이며 갈색의 작은 점들이 흩어져 있고, 배는 은백색이다. 어미는 10여 개의 어두운 무늬가 옆줄 아래까지 내려온다. 강해형인 송어는 머리와 등쪽은 암청색이고, 배는 은백색이다. 산란기의 수컷은 턱이 심하게 구부러지고 몸은 붉은색을 띠며 불규칙한 구름 모양의 무늬가 나타난다.

생태 송어는 바다와 민물을 왕래하는데, 바다에 내려가지 않고 일생을 담수에서 사는 것을 "산천어"라고 한다. 암컷은 대부분 바다로 내려가 송어가 되고, 그래서 하천에 남아 있는 산천어는 압도적으로 수컷이 많다. 산천어는 물이 맑고 차가우며 용존산소가 풍부한 하천의 상류에 살면서 수서곤충을 먹는다. 송어는 산란과 방정 후에 죽지만 산천어는 살아남는 것도 있다. 송어는 5월 무렵 강으로 올라와 자갈이 깔린 여울에서 산란한다. 몸길이는 산천어가 40센티미터, 송어는 약 60센티미터까지 자란다.

둑중개과 *Cottus poecilopterus* Heckel

둑중개(둑중개과)

영명 yellow fin sculpin
일명 기비레카지카(キビレカジカ)
방언 꾸구리 · 뚝지

낚시철 봄~가을
낚시터 강 상류
요 리 보통 먹지 않음

분포
국내 한강 상류(원주)
     동해안 일부 하천
국외 아무르강 유역

특징 몸에 비늘이 없다. 망둑어류와 모양이 비슷하지만 망둑어류는 배지느러미가 흡반을 이루는 반면 둑중개류는 배지느러미가 양쪽으로 갈라져 있기 때문에 쉽게 구분할 수 있다. 몸색깔은 녹갈색으로 등쪽은 짙고 배는 밝은 색이다. 몸의 옆면에 몸색깔보다 연한 색의 줄무늬가 여러 개 있다. 꼬리지느러미는 황색을 띤다.

생태 둑중개과의 물고기는 대부분 바다에 살지만 우리나라에는 민물과 기수에 5종이 살고 있다. 바다와 하천을 왕래하는 회유성 종이 많지만 둑중개는 물살이 빠른 강 상류의 돌밑에 산다. 육식성으로 주로 수서곤충의 유충을 먹지만 작은 물고기를 먹기도 한다. 산란기는 3월말에서 4월초로 추정되며 여울의 큰 돌밑에 알을 붙이고 수컷이 알을 지킨다. 큰 것은 몸길이가 15센티미터에 달한다.

Cottus hangiongensis Mori **둑중개과**

(삼척 마읍천)

한둑중개

참고 둑중개와 비슷한 종으로는 한둑중개가 있다. 한둑중개는 삼척 이북의 동해안으로 흐르는 하천에만 살고 있는 종으로 둑중개와 구분하기가 쉽지 않다. 쉽게 구분하는 방법은 뒷지느러미살(연조)의 수를 세어 보면 된다. 둑중개는 뒷지느러미살이 13~14개인 반면 한둑중개는 16~17개이다(그림참조).

둑중개와 한둑중개의 구분

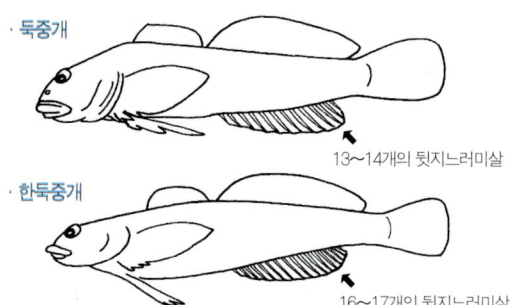

· 둑중개

13~14개의 뒷지느러미살

· 한둑중개

16~17개의 뒷지느러미살

꺽정이 (둑중개과)

영명 roughskin sculpin
일명 야마노카미(ヤマノカミ)
방언 거슬횟대어

낚시철 여름~겨울
낚시터 강 하구
요 리 매운탕 · 구이

분포

국내 서해 · 남해안으로
　　 흐르는 하천의 하구
　　 섬의 바위 주변
국외 중국, 일본

특징 몸의 앞부분은 위아래로 납작하고 몸 뒤쪽은 좌우로 납작하다. 작은 돌기들이 몸을 덮고 있고 비늘이 없다. 등쪽은 흑갈색, 배는 연한 황색이다. 몸에 3~4개의 큰 검은색 줄무늬가 있고 그 외의 부분은 약간 밝은 색 바탕에 얼룩무늬가 있다. 가슴지느러미에는 검은점이 열을 이룬다.

생태 바위 혹은 자갈이나 모래가 있는 강 하류와 연안의 바닥에서 갑각류를 먹고 산다. 산란기는 2~3월경으로 조개껍질의 안쪽에 알을 붙이고 수컷이 알을 보호한다. 만 2년이면 17센티미터까지 자라며 산란과 방정을 끝내고 죽는다.

꺽정이 (군산대학교 해양생명개발학과 수족관)

참고 옛 문헌에서는 꺽정이를 "송강노어"라고도 불렀는데, 옛날 중국의 오(吳)나라 사람 장한(張翰)이 관직에 있을 때, 가을에 고향의 송강 노어(松江鱸魚)의 맛을 상기하여 귀향하였다는 유명한 고사가 있다. 금강 등 큰 강의 하구에서 가을철 망둑어 낚시에 자주 걸려 올라오며, 옛 고사에 오를 정도로 맛이 좋은 물고기이다.

대낚시에 걸린 꺽정이 (전북 군산 해망동, 금강 하구)

꺽지과 *Coreoperca herzi* Herzenstein

꺽지 (꺽지과)

영명 Korean aucha perch
일명 고라이오야니라미
   (コライオヤニラミ)

낚시철 봄~가을
낚시터 강의 상·중류, 큰 호수
요 리 회·매운탕·찜

분포
국내 모든 하천(한국 고유종)

특징 몸높이가 높은 방추형에 아래턱이 위턱보다 약간 길다. 몸은 옅은 녹갈색 바탕에 7~8개의 가는 검은색 가로줄무늬가 있다. 아가미 뚜껑 뒤쪽에는 눈알 모양의 둥근 청색 반점이 하나 있다. 각 지느러미는 옅은 황색을 띤다.

생태 물이 맑고 그늘이 많으며 바닥에 자갈이 깔린 얕은 하천에 산다. 산 미끼를 좋아하는 육식성으로 수서곤충이나 새우, 작은 물고기 등을 통째로 삼키듯 먹는다. 5~6월에 큰 돌 아래에 알을 낳는데, 한 마리의 수컷이 2~5마리의 암컷을 산란장으로 유인하여 산란한다. 알이 부화할 때까지 수컷이 지키는 부성애를 보인다. 만 2년이면 10~14센티미터까지 자라며 30센티미터 이상 자라는 경우는 드물다. 강한 육식성 물고기로 루어낚시나 플라이낚시에 잘 잡힌다.

꺽지과 61

꺽지(사진제공 『월간낚시』)

쏘가리 (꺽지과)

영명 mandarin fish
일명 고라이케쓰교(コライケツギョ)
방언 금린어

낚시철 봄~가을
낚시터 댐호, 강 중류(자갈이나 바위가 많은 곳)
금어기 5월 20일~7월 10일
포획금지 18cm 이하
요 리 회 · 매운탕 · 찜

분포
국내 서해 · 남해안으로 흐르는 큰 하천의 중류
국외 중국

특징 몸은 좌우로 납작하고 머리 부분은 위아래로 약간 납작한 편이다. 아래턱이 위턱보다 길고 등지느러미는 극조(가시) 부분과 연조(살) 부분으로 구분된다. 몸색깔은 황갈색 바탕에 짙은 갈색 반점이 표범무늬를 이루고 있다.

생태 큰 강의 중류지역에서도 물이 맑으며 바위가 많아 물살이 빠른 곳에 살며 바위나 돌 틈에 잘 숨는다. 주로 밤에 활동하면서 어린 물고기를 잡아먹는다. 산란기는 5~7월이며, 흐르는 여울의 얕은 자갈바닥에 알을 낳는다. 큰 것의 몸길이는 60센티미터를 넘는다.

(청평내수면연구소)

참고 쏘가리는 맛이 매우 좋아 민물고기 가운데 가장 인기 있는 낚시대상 물고기이다. 주로 루어낚시를 하는데 양식대상으로 주목되어 최근 인공 대량생산에 성공하였다. 보편적으로 몸색깔이 표범과 같은 점박이무늬를 가지고 있지만, 어떤 것은 몸 전체가 황색을 띠며 흑갈색 무늬가 없는 것도 있는데 이것을 "황쏘가리"라 한다. 황쏘가리는 다른 물고기나 동물에게서 가끔 나타나는 백화(白化)현상으로 생각하는 학자들도 있다. 춘천의 소양호는 낚시인들에게 "호수 쏘가리 낚시의 메카"로 불리며 루어낚시를 이용해 60센티미터에 달하는 큰 쏘가리를 낚기도 한다.

 *Odontobutis platycephala* Iwata and Jeon

동사리 (동사리과)

영명 Korean dark sleeper
일명 고라이돈코(コライドンコ)
방언 뚝지·부구리·구구리

낚시철 봄~가을
낚시터 강의 상·중류(자갈바닥)
요 리 회·매운탕·찜

분포
국내 전국(한국 고유종)

특징 머리는 위아래로 납작하지만, 몸은 원통형이고 꼬리로 갈수록 좌우로 납작해진다. 입이 크고 아래턱이 위턱보다 앞으로 나와 있다. 턱에는 많은 이빨이 있다. 몸색깔은 황갈색 바탕에 암갈색 반점이 불규칙하게 배열되어 있다. 각 지느러미에는 검은점들이 가로줄무늬를 이루며 배열되어 있다.

생태 하천 상·중류의 물 흐름이 완만하고 모래나 자갈이 많은 곳에 살며, 수서곤충이나 작은 물고기를 먹는다. 산란기는 4~8월이며, 돌 아래 알을 붙이고 수컷이 보호한다. 큰 것은 몸길이가 15센티미터에 달한다. 살모사에게 잡아먹힐 때 살모사 목의 안쪽을 끝까지 물고 늘어져 살모사와 함께 죽어 가는, 생존을 위한 처절한 장면이 목격된 바 있다.

얼룩동사리

Odontobutis interrupta Iwata and Jeon **동사리과**

참고 동사리는 1985년 전상린 박사가 신종으로 보고하였고, 이와 비슷한 종으로는 얼룩동사리가 있다. 이 둘은 모양이 비슷해서 구분이 쉽지 않으나 몸에 불규칙하게 나타나는 가로줄무늬가 동사리는 제1등지느러미 뒤쪽 제2등지느러미 기점 사이에서 시작되고, 얼룩동사리는 제1등지느러미 중간 부근에서 시작되는 것으로 구분할 수 있다(그림 참조). 또 동사리는 전국적으로 분포하는 데 비해 얼룩동사리는 주로 서해안으로 흐르는 하천에 분포한다. 일부 지역에서는 초고추장에 회로 먹기도 한다.

동사리와 얼룩동사리의 구분

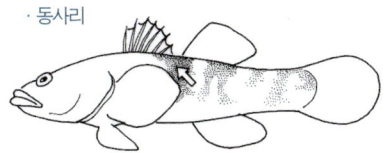
· 동사리

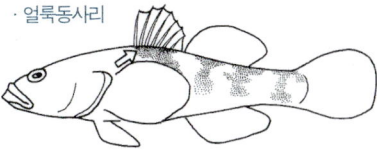
· 얼룩동사리

망둑어과 *Acanthogobius flavimanus* (Temminck and Schlegel)

문절망둑(망둑어과)

영명 common brackish goby, oriental goby
일명 마하제(マハゼ)
방언 문절이 · 꼬시레기

낚시철 여름~늦가을
낚시터 강 하구
요 리 회 · 소금(양념)구이
       매운탕 · 건조구이

분포
국내 서해 · 남해안
국외 중국, 일본

특징 몸의 앞쪽이 원통형으로 크고 뒤로 갈수록 가늘어지며 좌우로 납작해진다. 몸색깔은 담황갈색에 등쪽이 짙고, 몸 중앙에 불규칙한 줄무늬가 이어진다.

생태 바닥이 펄로 된 연안에 살며 하구와 기수에서 흔하게 볼 수 있다. 잡식성으로 해조류나 작은 물고기도 먹는데 주요 먹이는 갯지렁이류, 새우 등의 저서동물이다. 산란기인 3~5월에 바닥에 Y자 형 구멍을 파고 알을 낳는다. 부화한 새끼들은 하구에서 생활하다가 초여름에 5~7센티미터까지 자라 바닷가의 얕은 웅덩이에서 떼를 지어 먹이를 찾기 때문에, 맨손으로도 잡을 수 있어 여름 방학 바닷가를 찾은 아이들에게 좋은 놀잇감으로 인기가 있다. 갯지렁이나 새우를 좋아하므로 이들을 낚싯밥으로 이용하면 좋으며, 일반 지렁이도 무방하다. 만 1년이면 산란하고 죽지만 성장이 느린 것은 2년까지 살기도 한다. 큰 것의 몸길이는 30센티미터를 넘는다.

Synechogobius hasta (Temminck and Schlegel) 망둑어과 67

풀망둑(망둑어과)

영명 javelin goby
일명 하제쿠치(ハゼクチ)
방언 큰망둥어

낚시철 여름~늦가을
낚시터 강 하구
요 리 회 · 매운탕
　　　 소금(양념)구이
　　　 건조구이

분포
국내 동해 북부를 제외한 전 연안
국외 일본, 중국, 인도네시아

특징 자랄 때의 몸은 문절망둑과 비슷하지만 몸길이가 20센티미터를 넘게 되면 문절망둑보다 홀쭉하고 길어진다. 몸에 9~12개의 어두운 얼룩무늬가 있다. 2~3월 산란기가 가까워지면 지느러미는 연한 황색을 띤다.

생태 연안과 강의 하구 기수역에 살면서 작은 게, 물고기, 두족류, 새우류, 갯지렁이를 먹는다. 3~5월 사이에 연안의 바닥에 알을 낳고 죽는다. 수컷이 암컷보다 크고, 50센티미터 이상 자란다.

참고 풀망둑은 문절망둑과 모양, 생태 등 모든 면이 비슷하다. 문절망둑과 가장 쉽게 구분하는 방법은 제2등지느러미의 기조 수를 비교하는 것이다. 문절망둑은 제2등지느러미 기조 수가 13~14개이고 풀망둑은 17~18개이다(그림 참조). 그리고 몸의 크기도 풀망둑이 더 크다.

풀망둑과 문절망둑의 구분

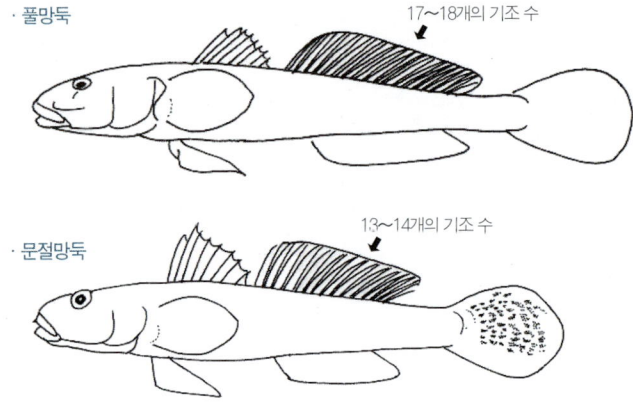

· 풀망둑   17~18개의 기조 수

· 문절망둑   13~14개의 기조 수

풀망둑은 조수가 밀려오면 얕은 곳으로 이동하여 바닥을 미끄러지듯 헤엄치며 먹이를 찾는다. 늦가을(11월) 20~30센티미터의 크기로 자랐을 때가 풀망둑 낚시의 적기이며, 이 무렵 동진강·만경강 등 서해안 강 하구의 다리 위와 연안에는 풀망둑을 낚기 위한 망둑어 낚시인들로 장관을 이룬다. 잡아서 곧 회로 먹을 수도 있고 양념구이로 먹을 수도 있지만, 창자를 제거하여 말린 후 냉장고에 보관했다가 구이를 하면 겨울철 안줏감으로 일품이다.

Tridentiger obscurus (Temminck and Schlegel) 망둑어과 69

검정망둑(망둑어과)

영명 trident goby
일명 지치부(チチブ)
방언 매지·뚝지

낚시철 봄~가을
낚시터 자갈이 많은 하구, 기수
요 리 대개 먹지 않음

분포
국내 하천·댐호·저수지
국외 전 세계적

특징 몸이 긴 원통형이며 머리가 크다. 주둥이는 뭉툭하고 위턱과 아래턱의 길이는 같다. 몸색깔은 검은색이고 가슴지느러미 기부에 연한 황백색 가로줄무늬가 있다. 살아 있을 때는 연한 색의 동그란 반점들이 흩어져 있다.

생태 강 하구의 자갈바닥에 모여 살며 잡식성으로 조류, 수서곤충, 저서성 무척추동물, 작은 물고기를 먹는다. 사람의 그림자를 무서워하지 않고 돌 위에 붙어 멀리 도망가지 않으므로 여름철 하천에서 아이들의 놀잇감으로 적당한 물고기이다.

참고 검정망둑과 비슷한 종으로는 민물검정망둑(*Tridentiger brevispinis*)이 있는데, 민물검정망둑은 1989년 최윤 교수와 김익수 교수가 한국 미기록종으로 보고하였다. 검정망둑은 민물검정망둑에 비해 뺨에 나타나는 연한 색깔의 작은 반점 수가 많다. 그리고 검정망둑은 제1등지느러미 가시가 길고 지느러미막에 암색 줄무늬가 없는 반면, 민물검정망둑은 제1등지느러미 가시가 비교적 짧고 지느러미막 아랫부분에 암색 줄무늬가 있다(그림 참조). 대개 바다에 인접한 기수역(제주도 서귀포, 삼척 마읍천)에 검정망둑이 살고, 바다와 멀리 떨어진 내륙의 하천(충남 논산천, 웅천천)에는 민물검정망둑이 산다.

검정망둑과 민물검정망둑의 구분

· 검정망둑   · 민물검정망둑

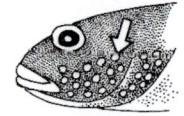
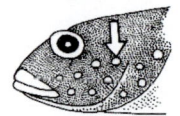

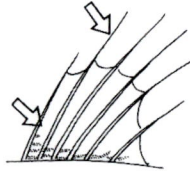
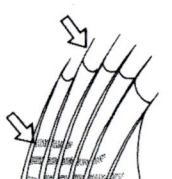

세계에서 가장 작은 물고기와 큰 물고기

생식능력을 가진 어미를 기준으로 물고기의 크기는 종에 따라 차이가 있다. 세계에서 가장 작은 물고기는 필리핀 바다에 사는 dwarf pigmy goby(망둑어과)라는 물고기로 크기가 1.2센티미터에 불과하다. 반면에 가장 큰 물고기는 고래상어로 크기가 20미터나 된다.

Tridentiger trigonocephalus Steindachner 망둑어과

두줄망둑(망둑어과)

일명 아카오비시마하제
　　　(アカオビシマハゼ)
방언 줄무늬매지

낚시철 사계절
낚시터 강 하구(기수)
요 리 먹지 않음

분포
국내 연안, 기수역
국외 일본, 중국

특징 몸은 짧고 원통형에 가까우며 뒤로 갈수록 좌우로 납작해진다. 몸색깔은 연한 갈색으로 주둥이부터 꼬리지느러미 앞까지 이어지는 2개의 암갈색 줄무늬가 있는 것이 특징이지만 이런 줄무늬가 불분명한 것도 있다.

생태 연안이나 기수역의 바위, 펄바닥에 살며 작은 갑각류, 따개비류, 갯지렁이 등의 작은 동물을 먹는다. 몸길이 10센티미터 미만의 작은 물고기로 강 하구에서 풀망둑 낚시에 자주 걸려 나오지만 대개 현장에서 버려진다.

망둑어과

> 참고 두줄망둑과 아주 비슷한 종으로는 민물두줄망둑(*Tridentiger bifasciatus*)이 있다. 민물두줄망둑은 1994년 전상린 교수가 한국 미기록종으로 보고하였다. 두줄망둑은 가슴지느러미 가장 위쪽 기조가 손가락처럼 분리되었고, 머리 부분에 흩어진 흰점이 턱 아래쪽에는 없으며, 뒷지느러미에 2줄의 줄무늬가 있다. 그러나 민물두줄망둑은 가슴지느러미 가장 위의 기조가 따로 갈라지지 않았고, 흰점이 턱 아래까지 흩어져 있으며, 뒷지느러미에 줄무늬가 없어서 두줄망둑과 구분된다(그림 참조). 분류란 쉬울 것 같지만 상당히 까다로운 것이고, 까다로우면서도 무척 흥미있는 학문이며, 낚시만큼이나 인내가 필요하다. 더욱이 이러한 미묘한 차이를 처음 발견하여 종을 구분한 이들에게는 경이감마저 든다. 두줄망둑은 바닷가 어느 곳을 가도 바위틈 작은 웅덩이에서 맨손으로 잡을 수 있는 아주 흔한 물고기이다. 아이들과 낚시를 떠나서, 혹은 해수욕을 가서 여러분이 잡은 것이 두줄망둑인지 민물두줄망둑인지 확인해 보자. 까다롭지만 분류의 묘미를 느낄 수 있을 것이며, 자녀들을 위한 좋은 현장체험학습이 될 것이다.

두줄망둑과 민물두줄망둑의 구분

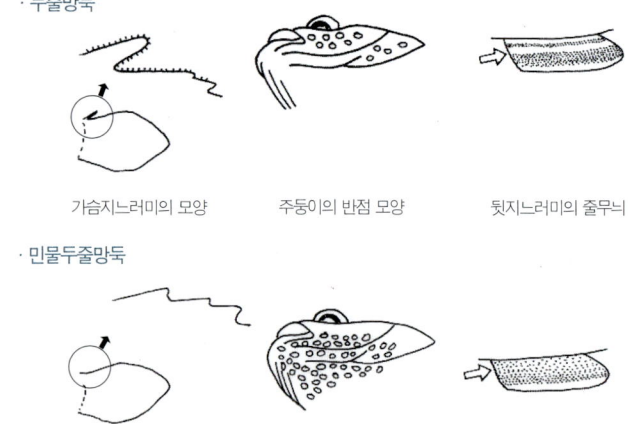

· 두줄망둑

가슴지느러미의 모양   주둥이의 반점 모양   뒷지느러미의 줄무늬

· 민물두줄망둑

Channa arga (Cantor) 가물치과

가물치 (가물치과)

영명 snake head
일명 가무루치(カムルチ-)
방언 가모치 · 가무치

낚시철 봄~가을
낚시터 강의 중·하류, 호수
요 리 회 · 약용

분포
국내 전국의 강, 호수
국외 중국, 일본

특징 몸은 원통형으로 가늘고 길며 머리 부분은 위아래로 납작하다. 등지느러미와 뒷지느러미가 꼬리지느러미까지 거의 연결되고, 꼬리지느러미 뒤 가장자리는 둥근 모양이다. 몸은 암회색이나 황갈색 바탕에 연한 검은색의 마름모 모양의 무늬가 있어 마치 뱀과 같은 느낌을 준다.

생태 저수지나 늪 등의 물 흐름이 거의 없고 수심 1미터 정도의 수초가 많은 곳에 산다. 아가미 호흡 외에 아가미 안에 있는 호흡기관을 이용하여 공기호흡도 한다. 수온변화를 잘 견뎌 섭씨 0~30도에서도 살 수 있다. 겨울에는 진흙 속에 묻혀 지내기도 하고, 비가 오면 습지를 기어다니기도 한다. 물고기, 수서곤충, 개구리 등을 먹는다. 5~8월에 암컷과 수컷이 함께 물 위의 수초에 둥지를 만들어 알을 낳고 새끼를 지키는데, 이런 행동 때문에 사람들에게 쉽게 잡히기도 한다. 큰 것은 몸길이가 1미터에 달한다.

참복과 *Takifugu obscurus* (Abe)

황복(참복과)

영명 river puffer
일명 메후구(メフグ)

낚시철 봄
낚시터 강 하구
요 리 회·매운탕·찜

분포

국내 서해로 흐르는
　　 하천의 기수역
국외 동·남중국해에 인접
　　 한 강 하류

특징 몸은 유선형으로 머리 부분은 뭉툭하고 꼬리자루는 원통형이다. 몸 전체가 미세한 가시로 덮여 있다. 몸색깔은 등쪽은 검은색 배쪽은 흰색이며, 몸 중앙에 황색 줄무늬가 있다. 또 가슴지느러미의 위쪽과 등지느러미 바로 아래에 큰 반점이 있다.

생태 연안에서 새우류나 게류, 작은 물고기 등을 먹고 살다가 3~5월에 알을 낳기 위해 강으로 올라온다. 해수의 영향이 끝나는 민물지역의, 바닥이 모래와 자갈로 된 물살이 빠른 곳에서 산란을 한다. 부화한 어린 새끼는 바다로 내려가 자란다. 근육과 정소에는 독이 없지만 표피, 난소, 혈액에는 독이 있는 것으로 알려져 있다.

Lepomis macrochirus Rafinesque 검정우럭과

(청평내수면연구소)

블루길(검정우럭과)

영명 blue gill
일명 부루기루(ブルーギル)

낚시철 봄~초겨울
낚시터 댐호
요 리 매운탕·찜

분포
원산지 북미의 남동부
이 식 미국, 아시아·유럽·남아프리카 대륙

특징 몸은 난원형이며 좌우로 납작하다. 몸높이가 높고 몸길이는 짧다. 몸의 앞쪽은 짙은 청색이고 배쪽은 노란색 광택을 띠며, 몸에 8~9개의 가로줄무늬가 있다. 아가미 뚜껑 뒤에 있는 반달 모양의 파란 반점 때문에 블루길(파란 아가미)이란 이름이 붙여졌다.

생태 수생식물이 많은 하천이나 큰 호수에서 산다. 동물성 플랑크톤이나 수서곤충, 새우류, 수생식물을 먹고, 물고기 알이나 물고기 새끼도 먹는다. 4~6월에 수컷은 자갈이나 모래바닥에 둥지를 만들고, 암컷이 산란하면 알과 새끼를 보호하여 기른다. 큰 것은 몸길이가 25센티미터에 달한다.

검정우럭과

블루길(사진제공 『월간낚시』)

참고 블루길은 1969년 수산청에서 시험양식을 위해 일본에서 들여왔다. 최근 팔당댐, 대청댐, 소양댐과 안동댐에서 우리나라 고유어를 비롯하여 치어와 새우류를 대량으로 먹어치워 문제가 되고 있다. 블루길은 "파랑볼우럭"으로도 불리는데, 루어낚시와 대낚시를 이용해 초보자도 쉽게 낚을 수 있다.

Micropterus salmoides (Lacèpéde) **검정우럭과**

배스(검정우럭과)

영명 large mouth bass
일명 오쿠치바스
　　　(オオクチバス)

낚시철 봄~초겨울
낚시터 호수, 저수지
요 리 회·구이·매운탕

분포
국내 한강, 낙동강, 섬진강
국외 미국의 남동부(원산지)
　　 전 세계(이식·양식)

특징 몸은 긴 방추형이며 좌우로 납작하다. 아래턱이 위턱보다 약간 앞으로 나와 있고 등지느러미는 극조부와 연조부로 구분된다. 등쪽은 짙은 청색이고 배쪽은 노란색을 띠며, 몸에는 주둥이에서 꼬리지느러미 앞까지 이어지는 폭넓은 세로줄무늬가 있다.

생태 물이 흐르지 않는 호수, 저수지, 하천의 그늘진 곳이나 물 흐름이 느린 곳을 좋아한다. 공격력이 강한 육식성 물고기로 작은 물고기, 새우, 개구리 등을 먹는다. 수초가 있는 바닥에 수컷이 산란장을 만들고 암컷을 유인하여 산란·방정하며, 수컷이 알과 새끼를 지킨다. 큰 것은 몸길이가 60센티미터 달하며, 수명은 환경에 따라 8~15년 정도이다.

78 검정우럭과

배스(사진제공 『월간낚시』)

참고 배스는 최근 우리나라에서 루어낚시 대상으로 대단히 환영받고 있으며, 세계적으로도 가장 인기 있는 루어낚시 물고기이다. 1973년 수산청에서 국내 자원조성용으로 미국에서 들여온 후 우리나라의 하천과 댐호에 정착하면서 하천 생태계에 변화를 일으켜 문제가 되고 있다.

우리나라 민물고기 신종 발표 제1호

세계적으로 아직 보고되지 않은 종을 최초로 학술잡지에 발표하여 등록하는 것을 "신종"이라고 한다. 신종을 발표하기 위해서는 신종임을 입증하는 명확한 근거가 인정되어야 학명을 붙일 수 있다. 우리나라 신종 발표 제1호는 김익수 교수가 발표한 참종개(*Cobitis koreensis* Kim)이다. 김익수 교수는 당시까지 기름종개로 알려졌던 참종개에 대하여 면밀히 검토한 후 참종개와 기름종개의 차이를 밝히고 1975년 신종으로 발표하였다. 이것은 우리나라 학자가 우리나라 민물고기를 신종으로 발표한 최초의 일이다. 참종개는 금강, 한강, 임진강, 만경강, 동진강 등지에 널리 분포하는 것이 밝혀졌다. 이후로도 김익수 교수는 30여 년 동안 미꾸리과의 연구를 계속하여 왕종개, 부안종개 등 많은 신종을 발표하였고, 최근에는 미꾸리과 물고기에 그의 이름을 딴 *Iksookimia*라는 속이 만들어질 정도로 그 권위를 세계적으로 인정받고 있다.

참종개. 우리나라 학자인 김익수 교수에 의해 우리나라 최초의 신종으로 발표된 민물고기.

환경부 지정 멸종위기 민물고기

우리나라 민물고기 가운데 자연적, 인위적 요인에 의해 종 자체가 멸종위기에 처한 물고기들이 있다. 절멸위기에 있는 다음의 물고기들에 대해서 낚시인들은 더 많은 관심을 가지고 보호에 앞장서야 할 것으로 생각된다.

· 감돌고기 : 우리나라의 금강, 만경강, 웅천천에서만 매우 적은 수가 살고 있는 한국 고유종이다. 최근 웅천천에서는 거의 절멸된 상태이고, 그 밖의 지역에서도 그 수가 감소하고 있는 추세여서 감돌고기 종 자체가 절멸될 위기에 있다.

· 흰수마자 : 우리나라의 낙동강과 임진강, 금강 일부 지역에 사는 종으로 그 수가 매우 적어 절멸될 가능성이 아주 큰 종이다.

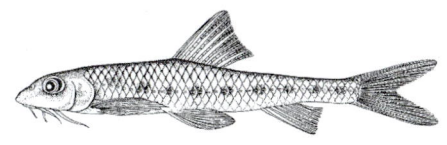

· 미호종개 : 금강 지류인 청주의 미호천에만 적은 수가 살고 있다.

· 통사리 : 금강 중상류, 만경강 상류, 영산강의 황룡강 지류에서만 적은 수가 살고 있다.

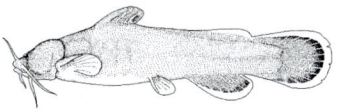

· 꼬치동자개 : 낙동강 상류에 사는 매우 희귀한 종으로 생태계 변화와 오염으로 인해 절멸위기에 있다.

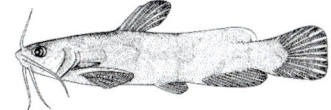

2부 바다낚시 물고기

감성돔

▶ 바다낚시 물고기 구분

검색표 1

1a 두 눈이 머리의 한쪽에 위치한다

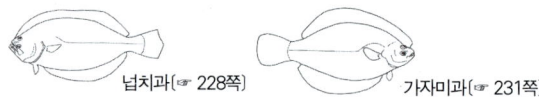

넙치과 (☞ 228쪽)   가자미과 (☞ 231쪽)

1b 두 눈이 머리의 양쪽에 위치한다 (☞ 2번)

    2a 배지느러미가 없다(또는 딱딱한 가시로 변형되어 있다 ; 쥐치과)

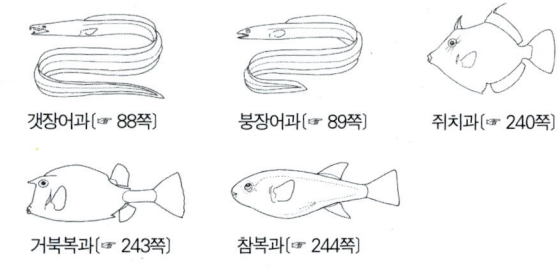

갯장어과 (☞ 88쪽)   붕장어과 (☞ 89쪽)   쥐치과 (☞ 240쪽)

거북복과 (☞ 243쪽)   참복과 (☞ 244쪽)

    2b 배지느러미가 있다 (☞ 3번)

        3a 등지느러미가 3개이다

대구과 (☞ 94쪽)

        3b 등지느러미가 2개 이하이다 (☞ 검색표 2)

검색표 2

1a 2개의 등지느러미 가운데 1개는 기조가 없는 기름지느러미이다

매퉁이과 [☞ 96쪽]

1b 등지느러미는 1개이고, 등지느러미 극조(가시) 수는 5개 이하이다 [☞ 2번]

  2a 등지느러미 기부가 몸높이보다 짧거나 거의 같다

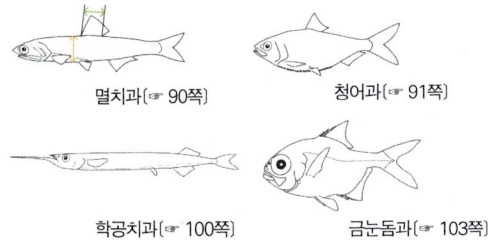

멸치과 [☞ 90쪽]　　　　　　　청어과 [☞ 91쪽]

학공치과 [☞ 100쪽]　　　　　금눈돔과 [☞ 103쪽]

  2b 등지느러미 기부가 몸높이보다 길다

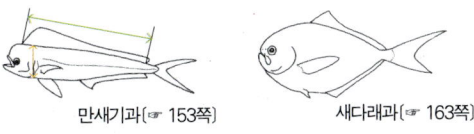

만새기과 [☞ 153쪽]　　　　　새다래과 [☞ 163쪽]

1c 등지느러미가 5개 이상의 극조를 갖는 극조부와 연조부로 이루어져 있다 [☞ 3번]

3a 극조부와 연조부가 완전히 분리되어 있고 그 거리가 극조부 기저부 길이의 약 2/3 이상이 떨어져 있다(단, 연조부에 1개의 가시를 갖는 경우도 있다)

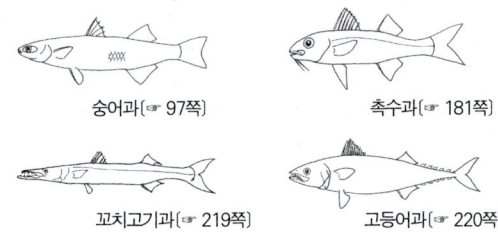

숭어과 (☞ 97쪽)   촉수과 (☞ 181쪽)
꼬치고기과 (☞ 219쪽)   고등어과 (☞ 220쪽)

3b 등지느러미의 극조부와 연조부의 사이가 떨어져 있지만 서로 인접하여 V자 모양이거나 그 거리가 극조부 기저부 길이의 1/3 이하이다 (☞ 4번)

4a 꼬리지느러미 끝 가장자리가 직선에 가깝거나 밖으로 볼록하다

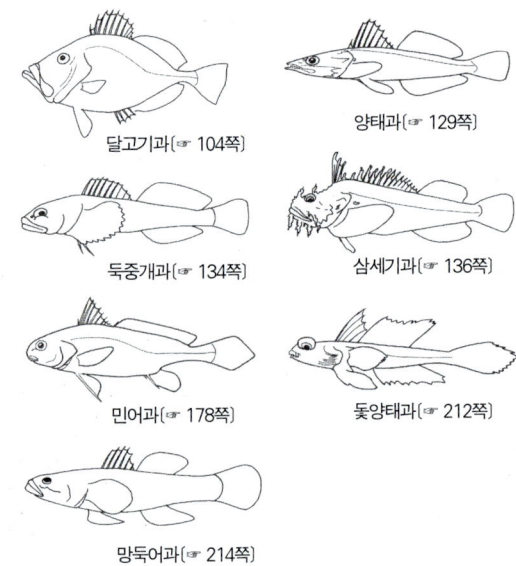

달고기과 (☞ 104쪽)   양태과 (☞ 129쪽)
둑중개과 (☞ 134쪽)   삼세기과 (☞ 136쪽)
민어과 (☞ 178쪽)   돛양태과 (☞ 212쪽)
망둑어과 (☞ 214쪽)

4b 꼬리지느러미 끝 가장자리가 안으로 오목하거나 제비꼬리처럼 갈라져 있다

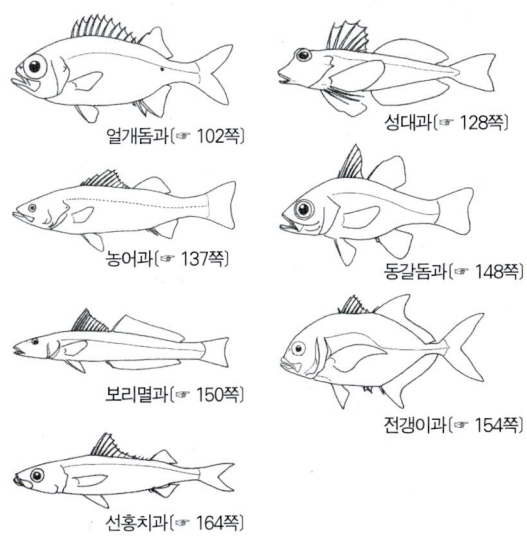

얼개돔과(☞ 102쪽)

성대과(☞ 128쪽)

농어과(☞ 137쪽)

동갈돔과(☞ 148쪽)

보리멸과(☞ 150쪽)

전갱이과(☞ 154쪽)

선홍치과(☞ 164쪽)

3c 등지느러미의 극조부와 연조부가 막으로 연결되어 있다
〔☞ 검색표 3〕

검색표 3

1a 등지느러미의 극조부와 연조부 사이가 약간 오목한 형태로 구분된다

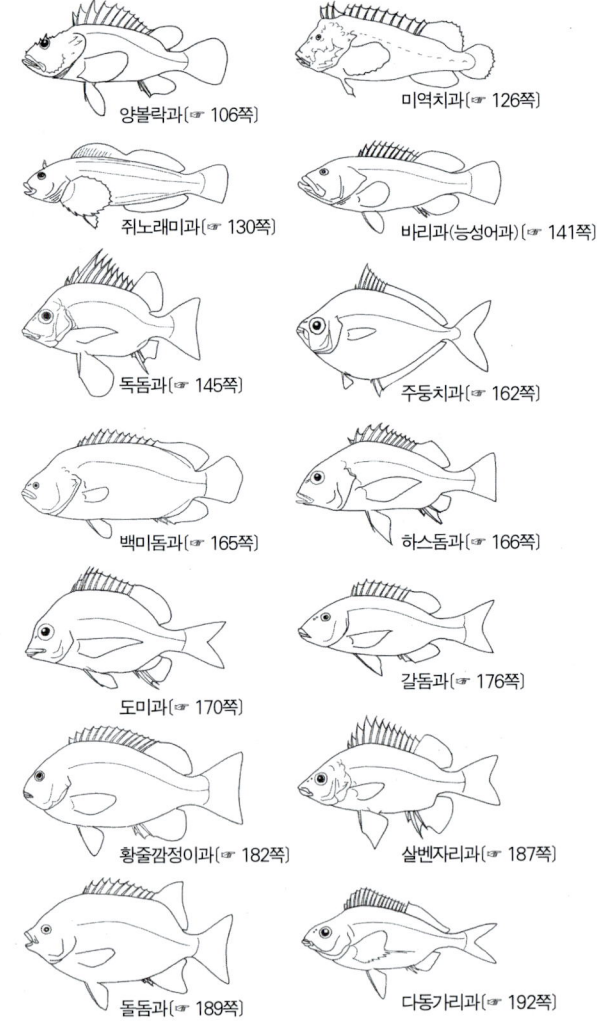

자리돔과(☞ 196쪽)
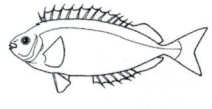
독가시치과(☞ 217쪽)

1b 등지느러미가 모두 극조로 되어 있거나, 극조부와 연조부 사이가 오목하지 않다(단, 놀래기과의 옥두놀래기속은 가장 앞쪽 극조 2개가 현저히 길고 나머지 극조와 분리되어 있다)

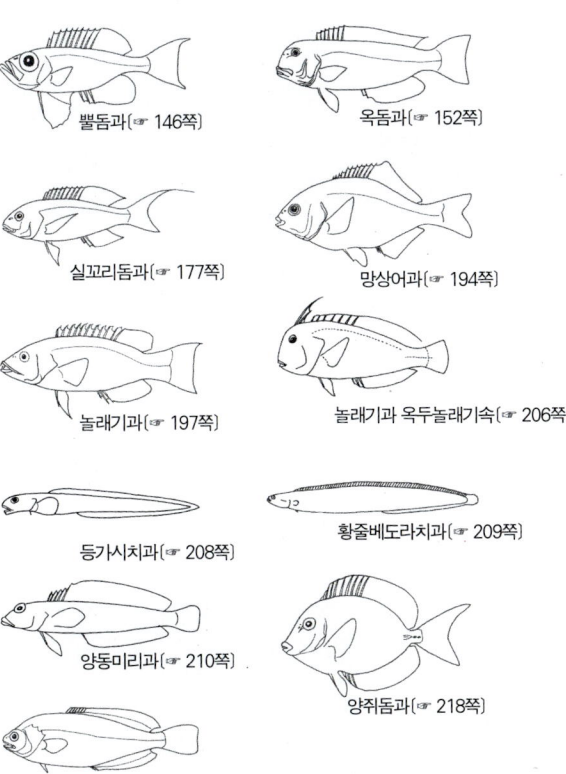

뿔돔과(☞ 146쪽)
옥돔과(☞ 152쪽)
실꼬리돔과(☞ 177쪽)
망상어과(☞ 194쪽)
놀래기과(☞ 197쪽)
놀래기과 옥두놀래기속(☞ 206쪽)
등가시치과(☞ 208쪽)
황줄베도라치과(☞ 209쪽)
양동미리과(☞ 210쪽)
양쥐돔과(☞ 218쪽)
샛돔과(☞ 227쪽)

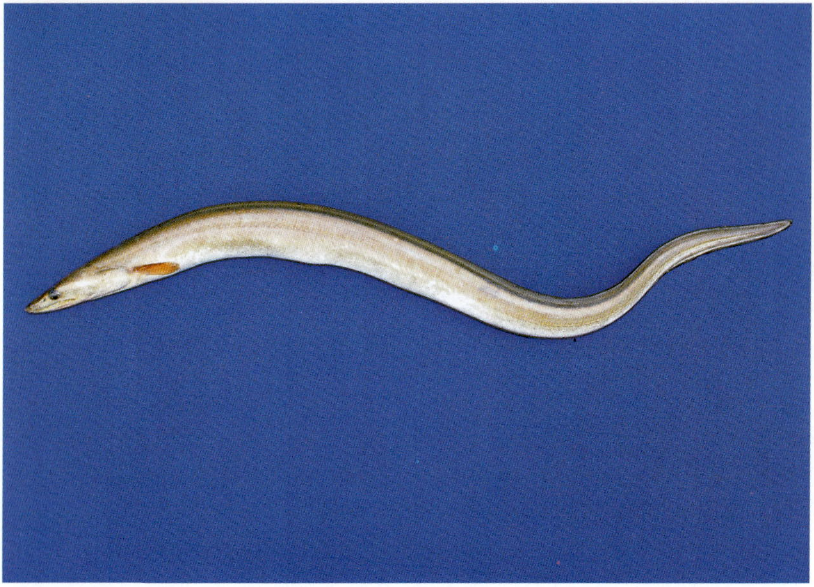

갯장어과 *Muraenesox cinereus* (Forsskål)

갯장어 (갯장어과)

영명 conger pike
일명 하모(ハモ)
방언 갯붕장어 · 참장어

낚시철 봄~가을
낚시터 배낚시
요 리 매운탕 · 구이

분포
국내 서남부 연해
국외 일본 남부~인도양

특징 몸은 뱀장어와 같이 원통형으로 가늘고 길다. 주둥이는 길고 뾰족하며 턱에는 강하고 뾰족한 이빨이 있다. 배지느러미는 없으며 등지느러미와 뒷지느러미가 꼬리지느러미와 연결되어 있다. 몸의 등쪽은 회백색, 배쪽은 은백색이다.

생태 얕은 바다의 모래 진흙과 암초 사이에 살며 야행성이다. 산란기는 5~7월이며 작은 물고기나 조개류를 잡아먹는다. 큰 것의 몸길이는 2.2미터에 달한다. 살아 있을 때 잘못하면 날카로운 이빨에 물릴 수 있으므로 조심해서 다루어야 한다.

갯장어의 이빨

Conger myriaster (Brevoort) 붕장어과

붕장어(붕장어과)

영명 common conger
일명 마아나고(マアナゴ)
방언 꾀장어 · 바다장어
 아나고

낚시철 초여름~가을
낚시터 방파제, 배낚시
포획금지 35cm 이하
요 리 양념구이 · 회 · 매운탕

분포
국내 전 연해
국외 일본, 동중국해

특징 몸은 뱀처럼 가늘고 긴 원통형이다. 배지느러미는 없고 등지느러미와 뒷지느러미는 꼬리지느러미와 연결되어 있다. 몸 색깔은 다갈색으로 배쪽은 밝은 색이며, 아가미 뒤에서부터 꼬리까지 흰점이 2줄로 열지어 있다.

생태 해초가 많은 모래, 진흙바닥에 산다. 야행성이라 낮에는 바위틈이나 해초 속에 숨어 있다가 어두워지면 작은 물고기, 새우, 게 등의 저서동물을 잡아먹는다. 따라서 붕장어 낚시는 밤낚시가 좋으며 초여름, 흐린 하늘의 바람이 없는 잔잔한 밤바다라면 더욱 좋다. 일본의 붕장어 명산지인 동경만(灣)은 밤낚시가 초여름의 풍물이 될 정도이다. 큰 것은 몸길이가 60센티미터를 넘는다.

멸치과 *Engraulis japonicus* Temminck and Schlegel

멸치(멸치과)

영명 anchovy
일명 가타쿠치이와시
　　　(カタクチイワシ)

낚시철 봄~가을
낚시터 방파제, 배낚시
요 리 건조 · 낚싯밥

분포

국내 전 연안(특히 남해안)
국외 일본, 중국(태평양 연안)

특징 몸이 길고 원통형에 가깝다. 눈이 비교적 크고 아래턱이 짧으며, 입이 크게 째진 것 같은 모습이다. 몸색깔은 은빛 광택이 나는 백색으로 등쪽은 암청색이고 피부가 쉽게 벗겨진다.

생태 먼 바다와 연안의 수면 가까운 곳이나 중층에서 큰 무리를 지어 이동하며 플랑크톤을 먹는다. 잡히면 바로 죽기 때문에 멸치라는 이름이 붙여졌다. 어미의 몸길이는 12~13센티미터 정도이다. 다른 물고기를 낚기 위한 미끼로 쓰이며, 외국에서는 소금에 절인 멸치를 낚싯밥으로 팔기도 한다.

Sardinops melanosticta (Temminck and Schlegel) 청어과

정어리(청어과)

영명 california herring
일명 니신(ニシン)

낚시철 가을~이듬해 봄
낚시터 배낚시
요 리 조림·구이·회

분포
국내 동해안
국외 사할린~일본
     동중국해

특징 몸은 좌우로 납작한 편이지만, 중간 부분은 약간 둥글고 길다. 배의 정중앙에는 예리한 비늘이 덮고 있어 외곽선이 날카롭다. 몸색깔은 은청색으로 등쪽은 짙고, 배쪽은 거의 백색에 가깝다. 몸에는 동공 크기의 짙은 청색 반점이 2줄 있다.

생태 주로 먼 바다에 살지만 연안에서도 볼 수 있다. 바다의 중층과 수면 가까이를 헤엄치면서 플랑크톤을 먹는다. 어미의 몸길이는 20센티미터에 달한다. 우리나라에서는 주요 낚시대상 물고기가 아니지만, 일본에서는 배낚시나 방파제에서 정어리를 낚는 사람들이 있다. 많이 잡히는 반면, 월척의 기쁨이나 낚시의 묘미는 떨어지는 편이다. 그러나 막 잡아 올린 정어리회를 먹을 수 있는 것은 낚시인들만이 맛볼 수 있는 즐거움이며, 성인병에도 좋아 외국에서는 건강식품으로 주목받고 있다.

전어 (청어과)

영명 dotted gizzard shad
일명 고노시로(コノシロ)
방언 새갈치

낚시철 사계절
낚시터 하구, 방파제, 배낚시
요 리 회·구이

분포

국내 전 연안
국외 일본 남부~남중국해

특징 몸은 좌우로 아주 납작한 긴 타원형이다. 배의 정중앙선에 각이 예리한 날카로운 비늘이 있다. 등지느러미 가장 뒤쪽의 연조 하나가 길게 늘어나 있는 것이 특징이다. 몸색깔은 등쪽이 청록색 배쪽이 은백색이고, 몸 중앙에서 등 위까지 비늘 하나하나에 있는 검은점 때문에 7~8개의 세로줄무늬가 있는 것처럼 보인다. 아가미 뚜껑 뒤에 검은점이 있다.

생태 연근해성 물고기로 주로 내만에 살지만 하구 등의 기수역에도 들어온다. 떼를 지어 생활하면서 작은 플랑크톤을 먹는다. 어미의 몸길이는 25센티미터에 달하고, 방파제 부근에서 낚을 수 있다. 회로 먹을 때 가장 맛이 있고, 구이로 먹을 때는 가시가 다소 신경 쓰인다.

Sardinella zunasi (Bleeker) 청어과 93

밴댕이 (청어과)

영명 scaled sardine
일명 삿파(サッパ)
방언 수문파리 · 빈즈미

낚시철 사계절
낚시터 하구, 방파제, 배낚시
　　　　바닷가(모래사장)
요 리　건조 · 젓갈 · 국물용

분포
국내 서해 · 남해 연안
국외 일본, 동아시아

특징 몸이 좌우로 아주 납작한 편인데 배쪽은 등보다 더 납작하다. 몸높이가 다소 높은 긴 타원형이고 배의 한가운데 칼날 모양의 날카로운 비늘이 있다. 전어와 모양이 비슷하지만 등지느러미의 마지막 연조가 길게 뻗어 있지 않고, 아가미 뚜껑에 검은 점도 없기 때문에 전어와는 쉽게 구별된다. 몸색깔은 등쪽이 짙은 청갈색, 배쪽이 은백색이다.

생태 연안의 바닥이 모래펄인 저층부에 살고 강 하구에도 올라오며, 플랑크톤을 먹는다. 겨울에는 수심 40~50미터의 깊은 곳으로 들어가지만 그 밖에는 연안의 얕은 곳에서 산다. 어미의 몸길이는 약 15센티미터 정도이다. 주요 낚시대상 물고기는 아니지만 바닷가 모래사장에서 보리멸 등 다른 물고기를 낚을 때 잡어로 올라온다.

Gadus macrocephalus Tilesius

대구(대구과)

영명 pacific cod
일명 마다라(マダラ)

낚시철 봄~가을
낚시터 배낚시
금어기 1월 1~31일
 (경상남도, 부산시)
요 리 찌개 · 찜

분포
국내 동해, 서해 북부
 일부 남해안
국외 북태평양

특징 몸의 앞부분은 원통형에 가깝고, 뒷부분은 좌우로 약간 납작하며 가늘어진다. 아래턱은 위턱보다 짧고 주둥이 아래 중앙에 수염이 하나 있다. 등지느러미가 3개인 것이 특징이다. 몸색깔은 담황색 바탕에 구름 모양의 옅은 적갈색 무늬가 있고, 배는 밝은 색이다.

생태 차가운 바다의 수심이 깊은 곳에 사는 한류성 물고기로 다른 물고기나 갑각류를 먹는다. 어미의 몸길이가 거의 1미터에 달하는 것도 있다.

참고 대구와 비슷한 종으로는 명태와 빨간명태(*Eleginus gracilis*)가 있다. 이들을 구분하려면 턱의 모양, 수염의 길이 등을 보면 된다. 명태는 아래턱이 위턱보다 길지만, 대구와 빨간명태는 위턱과 아래턱의 길이가 거의 같거나 아래턱이 위턱보다 짧다. 또한 대구는 주둥이 아래의 수염 길이가 눈 지름의 크기만

Theragra chalcogramma (Pallas) **대구과** 95

명태

큼 길지만, 빨간명태는 그보다 짧다. 명태는 이 수염이 더 짧아서 거의 보이지 않는다(그림 참조). 이들 모두 식용 및 가공품으로 쓰임이 많다. 몸길이는 대구가 가장 크고 명태, 빨간명태 순이다. 명태의 큰 것은 70센티미터, 빨간명태는 50센티미터 정도이다.

대구·명태·빨간명태의 구분

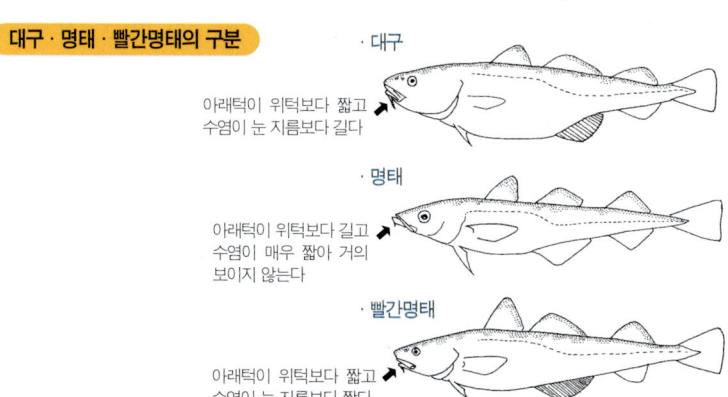

· 대구
아래턱이 위턱보다 짧고 수염이 눈 지름보다 길다

· 명태
아래턱이 위턱보다 길고 수염이 매우 짧아 거의 보이지 않는다

· 빨간명태
아래턱이 위턱보다 짧고 수염이 눈 지름보다 짧다

매퉁이과 *Saurida undosquamis* (Richardson)

매퉁이(매퉁이과)

영명 large scaled grinner
일명 에소(エソ)
방언 마데비

낚시철 초여름~가을
낚시터 배낚시
요 리 찌개·구이

분포
국내 서해·남해
국외 중국, 인도양, 홍해

특징 몸은 원통형으로 가늘고 길다. 입은 크고 위아래 턱의 길이는 같으며 입에는 여러 줄의 이빨이 있다. 몸색깔은 황갈색 바탕에 청색과 황색의 세로줄무늬가 있다.

생태 약간 깊고 조류가 빠른 모래땅에 눈만 내놓고 숨어 있다가 작은 물고기, 갑각류 등을 잡아먹는다. 산란기는 4~5월이며 몸길이는 대개 40~50센티미터이지만, 큰 것은 1미터에 달한다. 우리나라에는 매퉁이과에 속하는 물고기가 6종 있는데, 그 중에서 낚시에 비교적 잘 걸리는 종은 황매퉁이(*Trachinocephalus myops*)이다. 모래사장에서 보리멸 낚시에 걸려 나오기도 하는데, 매퉁이와 마찬가지로 흰 살에는 잔뼈가 많이 있지만 고기는 담백한 맛이 난다.

황매퉁이

Mugil cephalus Linnaeus 숭어과

숭어 (숭어과)

영명 striped mullet
일명 보라(ボラ)
방언 모치 · 모쟁이

낚시철 사계절
낚시터 강 하구(하류), 방파제
요 리 회 · 매운탕

분포
국내 전 연해, 강의 하구
국외 전 세계적

특징 몸은 길고 머리는 위아래로 납작한 편이지만 몸의 앞부분은 원통형에 가깝다. 눈에는 지방의 눈꺼풀이 발달하여 어미의 경우 거의 눈을 덮는다. 등지느러미가 2개이고 옆줄이 없다. 꼬리지느러미는 깊이 파여 있다. 몸색깔은 회청색 바탕에 등쪽은 짙고 배쪽은 흰색에 가깝다. 각 지느러미는 투명하고 꼬리지느러미는 연한 노란색을 띤다.

생태 염분 농도에 대한 적응범위가 넓어 연안과 하구역, 하천의 하류까지 폭넓게 살고 있다. 산란은 겨울에 깊은 곳으로 들어가서 한다. 잡식성으로 진흙 속의 유기물이나 조류 등을 펄과 함께 먹는다. 몸길이 20~50센티미터 정도가 보통이고 큰 것은 80센티미터에 달한다.

숭어과 *Liza haematocheila* (Temminck and Schlegel)

가숭어(숭어과)

영명 redlip mullet
일명 메나다(メナダ)

낚시철 사계절
낚시터 하구, 방파제
요 리 회·매운탕

분포
국내 전 연해, 강어귀
국외 일본, 중국

특징 몸은 길고 좌우로 납작하지만 머리는 위아래로 납작하다. 등지느러미는 2개이고 옆줄이 없다. 지방질의 눈꺼풀이 있지만 눈을 완전히 덮지는 않는다. 꼬리지느러미 뒤쪽이 숭어만큼 깊이 파여 있지는 않다. 몸은 회청색에 등쪽은 짙고, 배쪽은 은백색이다.

생태 연안이나 내만 하천의 기수역에 살며, 부착조류나 바닥의 유기물을 먹는다. 주로 잡히는 것은 몸길이가 30~40센티미터 정도인데 큰 것은 1미터에 달해 숭어보다 크다.

참고 모양이나 사는 곳이 숭어와 같아서 이 둘을 구분하기가 쉽지 않다. 그러나 눈꺼풀, 꼬리지느러미 가장자리의 모양, 입의 크기를 비교해 보면 쉽게 구분할 수 있다(그림 참조). 숭어는 위턱과 입의 크기가 같고 꼬리지느러미 가장자리가 깊이 파여 있는 반면, 가숭어는 입이 위턱보다 작고 꼬리지느러미 뒤쪽이 숭어보다는 덜 파여 있다. 먼 바다에서 잡힌 것, 특히 겨울철의 가숭어는 비린내도 적고 맛이 좋다.

가숭어와 숭어의 구분

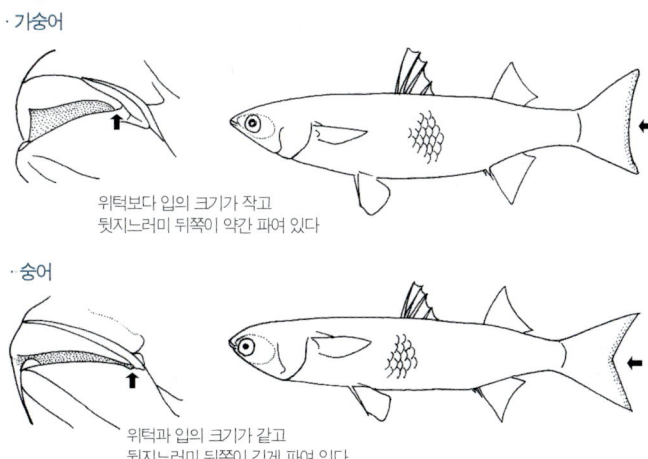

· 가숭어
위턱보다 입의 크기가 작고
뒷지느러미 뒤쪽이 약간 파여 있다

· 숭어
위턱과 입의 크기가 같고
뒷지느러미 뒤쪽이 깊게 파여 있다

물고기의 3가지 조건

분류학적으로 물고기는 척추를 가진 동물 가운데 가장 원시적인 동물에 속한다. 척추를 가진 동물은 물고기 외에 양서류, 파충류, 조류 그리고 인간이 속해 있는 포유류가 있다. 그렇다면 물고기는 이들과 또 어떻게 다를까? 다음의 세 가지 조건을 충족시키면 물고기라고 할 수 있다.
첫째, 척추를 가지고 있다.
둘째, 지느러미를 가지고 헤엄을 친다.
셋째, 아가미로 호흡한다.
바닷속에 살기 때문에 흔히 물고기라고 생각하기 쉬운 고래는 물고기와 마찬가지로 척추가 있고 지느러미로 헤엄을 치지만 아가미가 없기 때문에 물고기가 아니다. 고래는 아주 먼 옛날 육지로 올라오지 않고 그대로 바닷속에 살고 있는 포유류의 한 무리이다.

학공치과 *Hemiramphus sajori* (Temminck and Schlegel)

학공치(학공치과)

영명 half beak
일명 사요리(サヨリ)
방언 공미리

낚시철 봄~가을
낚시터 방파제
요 리 회·초밥용·구이

분포
국내 전국 연안
국외 중국, 일본, 사할린

특징 몸은 꽁치와 같이 원통형으로 가늘고 길다. 주사기처럼 길게 뻗어나온 아래턱은 그 끝이 적홍색을 띤다. 몸색깔은 등쪽이 청록색, 배쪽이 은백색이다.

생태 먼 바다와 내만의 수면 가까운 곳에 무리를 이루어 살며 특히 해초가 무성한 암초지역에 많이 나타난다. 게, 새우류 등의 유생이나 플랑크톤을 주로 먹는데, 낚시의 경우는 새우류나 갯지렁이, 생선조각을 미끼로 쓴다. 산란기는 4~7월로 해조류에 알을 붙인다. 흔히 보는 학공치의 몸길이는 30센티미터 전후이지만 50센티미터 이상의 것도 가끔 잡힌다. 봄에서 여름까지 산란을 위해 몰려올 때가 낚시의 가장 좋은 시기이다. 학공치는 바닷가 방파제에서 간단한 장비로 초보자도 쉽게 낚을 수 있고, 작지만 구이나 회로 먹으면 맛있는 물고기이다.

참고 학공치와 비슷한 종으로는 줄공치(*Hemiramphus intermedius*)가 있다. 줄공치는 큰 것의 몸길이가 대개 20센티미터 정도인데 튀어나온 아래턱 끝부분의 색깔이 검은색이어서 학공치와 구분된다. 또 학공치 아래턱의 길이는 머리 길이(두장)보다 짧지만, 줄공치의 아래턱 길이는 머리 길이보다 길다(그림 참조). 줄공치의 맛은 학공치보다 못하지만 우리나라에서는 학공치와 구분 없이 식용으로 이용된다.

학공치와 줄공치의 구분

· 학공치

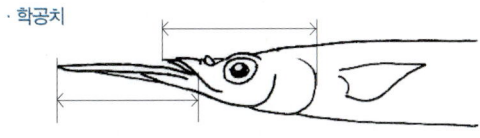

아래턱과 두장(머리 길이)의 길이가 거의 비슷하다

· 줄공치

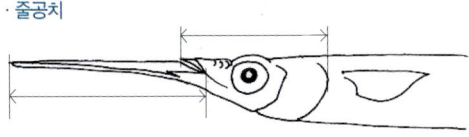

아래턱이 두장(머리 길이)보다 길다

전장과 체장

물고기의 몸길이를 나타낼 때 흔히 "전장"과 "체장"이라는 말을 사용한다. 전장은 물고기의 주둥이 끝부터 꼬리지느러미 끝까지의 전체 길이를 말하고, 체장은 주둥이 끝부터 꼬리지느러미 앞까지, 좀더 정확히 말하면 척추골이 끝나는 부분까지의 길이이다. 낚시인들이 물고기의 크기를 말할 때는 전장을 의미한다. 그러나 어류학자들은 체장을 재는 경우가 많은데, 이는 물고기의 꼬리지느러미가 잘려서 정확한 전장을 알 수 없는 경우가 있기 때문이다. 이 책에서 물고기의 몸길이는 전장을 기준으로 표기했다.

얼개돔과 *Ostichthys japonicus* (Cuvier and Valenciennes)

도화돔(얼개돔과)

영명 deepwater squirrelfish
일명 에비스다이(エビスダイ)
방언 바다붕어

낚시철 봄~가을
낚시터 배낚시
요 리 매운탕·구이

분포

국내 남해안(제주도 포함)
국외 일본 중부 이남~대만

특징 몸은 좌우로 납작하고 몸높이가 높은 타원형이다. 몸 전체가 아름다운 붉은색으로 등쪽이 더 붉고 배쪽으로 갈수록 옅은 색을 띤다. 비늘이 아주 단단하고 크며, 비늘 위에는 여러 줄의 한일(一)자 모양의 선이 돋아 있다.

생태 수심 100미터 전후의 암초지역에 산다.

Beryx decadactylus Cuvier and Valenciennes **금눈돔과** 103

금눈돔(금눈돔과)

영명 broad alfonsino
일명 난요킨메(ナンヨウキンメ)

낚시철 사계절
낚시터 배낚시
요 리 구이·매운탕

분포
국내 동해, 남해(제주도 포함)
국외 일본

특징 몸이 좌우로 납작한 타원형에 몸높이가 높다. 눈이 크고 눈앞에 강한 가시가 있다. 몸색깔은 짙은 주홍색이며, 눈은 금빛 광택이 난다.

생태 수심 300~400미터 정도의 깊은 바다 암초지역이나 연안의 암초지역, 모래펄 바닥에서 산다. 어미의 몸길이는 50센티미터에 달한다.

달고기과 *Zenopsis nebulosa* (Temminck and Schlegel)

민달고기(달고기과)

영명 dory
일명 가가미다이(カガミダイ)

낚시철 사계절
낚시터 배낚시
요 리 구이·찜·매운탕

분포
국내 남해안(제주도 포함)
국외 일본, 하와이
     호주(세계적)

특징 몸은 좌우로 매우 납작하고 몸높이가 높아 둥근 원형에 가깝다. 주둥이에서 등지느러미까지의 가장자리가 오목하게 파여 있다. 주둥이는 길고 입은 위를 향해 열려 있으며 몸 표면에 비늘이 없다. 등지느러미는 극조부와 연조부로 뚜렷이 구분되는데, 극조부의 기조가 실 모양으로 길게 늘어나 있다. 몸색깔은 아주 밝은 은백색이며 몸 가운데 동전 모양의 둥근 무늬가 희미하게 나타나는데 이 무늬는 없어지기도 한다.

생태 수심 100미터 전후의 약간 깊은 바다의 모래펄 바닥에 살며 육식성이다. 큰 것의 몸길이는 70센티미터에 달한다.

Zeus faber Linnaeus 　달고기과　105

달고기

참고　민달고기와 비슷한 종으로는 달고기가 있다. 달고기는 민달고기보다 약간 작아 큰 것의 몸길이는 50센티미터이다. 또 달고기가 민달고기보다 얕은 곳에 산다. 이 둘을 구분하는 방법은 주둥이에서 등으로 이어지는 부분이 어느 정도 파여 있는가를 보면 된다(그림 참조). 민달고기는 머리 윗부분이 들어가 있는 반면, 달고기의 머리 윗부분은 약간 볼록하다.

민달고기와 달고기의 구분

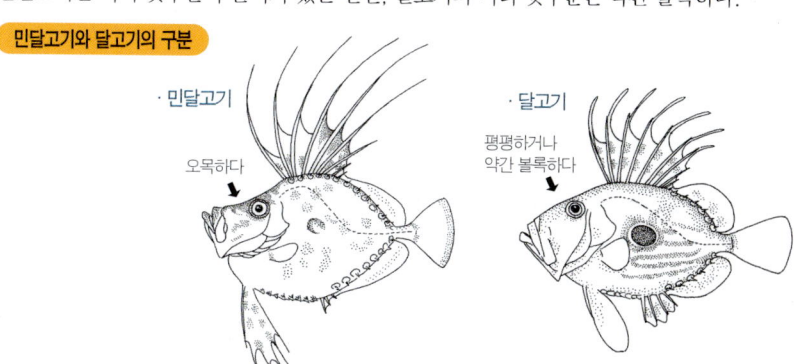

양볼락과 *Inimicus japonicus* (Cuvier)

쑤기미 (양볼락과)

영명 devil stinger
일명 오니오코제(オニオコゼ)
방언 범치 · 쏠치

낚시철 사계절
낚시터 배낚시
요 리 회 · 구이 · 매운탕

분포
국내 서해 · 남해안
국외 일본, 중국, 대만

특징 몸의 앞부분은 크고 원통형이며, 머리에서 가슴지느러미 앞까지는 위아래로 납작하고 그 뒤쪽으로는 좌우로 납작하다. 머리의 눈이 있는 부분이 움푹 파였고, 작은 입은 위를 향해 열려 있다. 몸은 피질돌기로 덮여 있으며, 몸색깔은 짙은 갈색 바탕에 검붉은 기운이 도는 얼룩무늬가 있다.

생태 수온이 높은 바다의 모래펄 바닥 또는 바위 주변에 살며, 작은 물고기나 갑각류를 먹는다. 몸길이는 20~30센티미터이다. 쑤기미는 일반인들에게 "범치"라는 이름으로 더 많이 불리며, 등지느러미에 강한 독이 있어서 찔리면 심한 통증으로 하루는 고생을 해야 한다. 노약자나 어린이에게는 참을 수 없는 통증이기 때문에 최근에 서해안에서는 119구조대가 동원된 일도 있다. 쑤기미는 영어명과 일본명이 모두 악마, 귀신을 뜻할 만큼 흉측하고 볼품 없지만 맛이 뛰어나서 회, 구이, 튀김으로 먹는다. 일본에서는 양식도 한다.

Pterois lunulata Temminck and Schlegel 양볼락과 107

쏠배감펭(양볼락과)

- 영명 butterfly fish
- 일명 미노카사고(ミノカサゴ)
- 방언 쫌뱅이

- 낚시철 사계절
- 낚시터 갯바위
- 요 리 찌개(다른 고기와 섞어서)

분포
- 국내 동해, 남해안(제주도 포함)
- 국외 일본, 중국, 태평양 연안

특징 몸과 머리가 좌우로 납작하다. 몸 앞부분은 몸높이가 약간 높고 뒤쪽으로 갈수록 가늘어지며, 가슴지느러미가 새의 날개처럼 크게 발달했다. 몸색깔은 흰색 바탕에 여러 개의 아름다운 줄무늬가 있고 가슴지느러미에도 검은 줄무늬가 있다.

생태 온대에서 열대 연안의 암초지역에 산다. 수족관에서 인기 있는 물고기로 큰 가슴지느러미를 천천히 움직이며 헤엄치는 모습이 우아하다. 낚시인들에게는 아름다운 자태로 즐거움을 주지만, 등지느러미 가시에 강한 독이 있어서 무심코 찔리면 오랜 시간 통증에 시달린다. 몸길이는 30센티미터에 달하고, 맛은 없는 편이지만 고기의 살이 많아서 다른 고기와 곁들여 찌개로 먹는다.

Scorpaena onaria Jordan and Snyder

점감펭 (양볼락과)

영명 scorpionfish
일명 후사카사고(フサカサゴ)

낚시철 사계절
낚시터 갯바위, 배낚시
요 리 회·매운탕

분포
국내 남해안
국외 일본

특징 몸과 머리는 좌우로 납작하고, 몸이 긴 타원형이다. 아래턱과 위턱의 길이는 같고 눈의 위쪽 머리, 뺨, 등에 날카로운 가시가 있다. 몸색깔은 선홍색이며 몸 옆과 꼬리지느러미에 갈색 반점이 흩어져 있다. 수컷은 등지느러미의 6번째에서 9번째 극조 사이에 큰 검은점이 하나 있다.

생태 약간 깊고 따뜻한 바다의 암초지역이나 모래바닥 주변에 살면서 작은 물고기, 갑각류, 조개류를 먹는다. 몸길이는 20~30센티미터 정도이다.

Scorpaena miostoma Günther 양볼락과

쭈굴감펭

참고 점감펭은 모양이 특이해서 누구나 쉽게 알아볼 수 있을 것 같지만 이와 비슷한 종들이 많아서 이들을 구분하는 데는 전문적인 지식이 필요하다. 점감펭과 가장 비슷한 종으로는 쭈굴감펭이 있는데, 이 둘은 옆줄의 모양과 입의 크기로 구분한다(그림 참조). 점감펭은 옆줄이 가슴지느러미 뒤에서 아래로 급격히 내려오는 반면, 쭈굴감펭은 완만하게 내려온다. 또 점감펭은 입이 커서 눈 뒤와 입 끝이 일직선상에 있지만, 쭈굴감펭은 점감펭보다 입이 작아서 입 끝이 눈의 중간 정도에 머문다.

점감펭과 쭈굴감펭의 구분

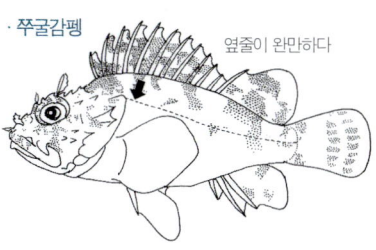

양볼락과 *Scorpaena izensis* Jordan and Starks

살살치 (양볼락과)

영명 sting fish
일명 이즈카사고 (イズカサゴ)

낚시철 사계절
낚시터 갯바위, 배낚시
요 리 회 · 매운탕

분포
국내 동해 · 남해안
국외 일본~대만

특징 몸과 머리는 좌우로 납작하고, 몸이 긴 타원형이며 점감펭과 비슷한 모양이다.

생태 수심 100~500미터의 모래 진흙바닥에 산다.

참고 살살치는 점감펭이나 쭈굴감펭과 모양이 비슷하지만, 배쪽의 비늘 유무로 구분된다. 살살치는 배지느러미 바로 앞에 비늘이 전혀 없지만 점감펭과 쭈굴감펭은 작은 비늘이 많이 있다.

살살치와 점감펭의 구분

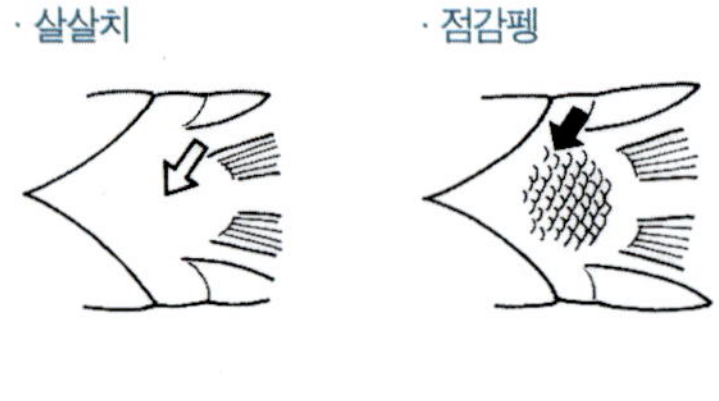

· 살살치

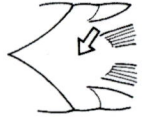

· 점감펭

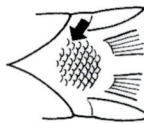

Sebastes hubbsi (Matsubara) 양볼락과

우럭볼락(양볼락과)

영명 armorclad rockfish
일명 요로이메바루
　　　(ヨロイメバル)

낚시철 사계절
낚시터 방파제, 갯바위
요 리 매운탕·튀김·구이

분포
국내 중남부 연해
국외 일본

특징 몸과 머리는 좌우로 납작하며, 몸높이가 비교적 높은 난원형이다. 몸색깔은 회적색과 붉은색이 복잡하게 섞여 있고, 가슴지느러미, 배지느러미, 뒷지느러미, 등지느러미 뒤쪽이 붉은색을 띤다.

생태 암초가 많은 연안의 얕은 바다에 살고, 큰 것이라도 몸길이는 20센티미터 정도이다. 자주 잡히는 물고기는 아니고 더욱이 양볼락과 물고기 가운데 작은 종류이지만, 맛은 뛰어나 튀김, 구이, 매운탕 요리에 좋다.

흰꼬리볼락(*Sebastes longispinis*). 몸에 붉은색을 띠는 볼락류에는 우럭볼락과 함께 흰꼬리볼락이 있다. 흰꼬리볼락은 꼬리지느러미 뒤에 흰띠가 있어서 우럭볼락과 구분된다.

양볼락과 *Sebastes inermis* Cuvier

볼락(양볼락과)

영명 dark banded rockfish
일명 메바루(メバル)
방언 열기·꺽저구·뽈락

낚시철 사계절
낚시터 방파제, 갯바위, 배낚시
포획금지 15cm 이하
요 리 회·매운탕
       어린 것은 젓갈용

분포
국내 남해(제주도 포함)
     동해
국외 일본

특징 몸과 머리는 좌우로 납작하고 몸높이가 높은 난원형이다. 일본 이름인 "메바루"는 "눈을 똑바로 뜬 것 같은 모습"에서 유래되었는데 그만큼 눈이 크다. 이처럼 큰 눈과 솟아 나온 아래턱이 특징이다. 몸색깔은 흑회색, 회갈색, 회적색의 세 종류가 있다. 사람들은 서로 다른 종으로 생각하는데 서식환경에 따른 색깔의 차이일 뿐 모두 같은 종이다. 살아 있을 때는 몸에 불분명한 5~6개의 검은색 가로줄무늬가 있다.

생태 연안의 암초지역에서 단독으로 혹은 10여 마리가 무리를 지어 다니며, 밤에 갑각류나 작은 물고기를 잡아먹는다. 경골어류에서는 드문 난태생으로 태어난 새끼의 몸길이는 4~5밀리미터 정도이다. 어미의 몸길이는 약 20~30센티미터이다.

양볼락과 113

볼락(경북 영해)

경상남도에서 도를 상징하는 도어(道魚)로 지정됐으며, 초보자의 갯바위낚시 물고기로 인기가 있다.

황볼락(양볼락과)

영명 owston's rockfish
일명 하쓰메(ハツメ)

낚시철 사계절
낚시터 배낚시
요 리 매운탕 · 구이

분포
국내 강원도 연해
국외 일본 북부, 오호츠크해

특징 몸은 좌우로 납작하고, 다른 볼락류에 비해 몸높이가 낮으며 몸이 길다. 눈은 크고 양눈 사이가 평평하며, 주둥이 끝은 뾰족하고 아래턱이 위턱보다 약간 길다. 몸색깔은 황갈색이며 배는 옅은 노란색이다. 모든 지느러미는 연한 노란색을 띤다.

생태 수심 100~300미터의 비교적 깊은 바다에 살며 작은 갑각류를 먹는다. 어미의 몸길이는 25센티미터 정도이다.

Sebastes pachycephalus Temminck and Schlegel 양볼락과 115

개볼락(양볼락과)

영명 spotbelly rockfish
일명 무라소이(ムラソイ)

낚시철 사계절
낚시터 갯바위, 배낚시
요 리 회·매운탕

 분포
국내 전 연안
국외 일본 북해도 남부~규슈

특징 몸은 좌우로 납작하고, 몸높이가 약간 높은 난원형이다. 머리와 눈이 크고 아래턱이 위턱보다 조금 짧다. 머리의 눈 위쪽 가시가 크고 강하며, 양눈 사이가 오목하게 파여 있다. 몸색깔은 변이가 심한데 적갈색 바탕에 검은색 얼룩무늬가 불규칙하게 흩어져 있고, 어떤 것은 황갈색 바탕에 밝은 노란색 점이 흩어져 있다.

생태 연안의 암초지역에 살며 1~2월에 난태생의 새끼를 낳는다. 어미의 몸길이는 35센티미터에 달한다.

116 양볼락과 *Sebastes schlegeli* Hilgendorf

조피볼락(양볼락과)

영명 black rockfish
일명 구로소이(クロソイ)
방언 우럭·감펭이

낚시철 봄~가을
낚시터 갯바위, 배낚시
요 리 회·매운탕·구이

분포
국내 전 연해
국외 일본, 중국

특징 몸과 머리는 좌우로 납작하고 몸높이가 높은 난원형이다. 아래턱이 위턱보다 약간 길고, 눈 앞쪽에 3개의 날카로운 가시가 있다. 몸색깔은 다갈색 바탕에 검은점이 많이 흩어져 있다. 몸에 불분명한 4~5개의 가로줄무늬가 있으며, 눈 아래에 뚜렷한 2개의 검은 줄무늬가 있다.

생태 암초가 많은 연안의 얕은 곳에 살며, 5~6월에 난태생의 새끼를 낳는다. 낮에는 바위틈에 숨고 밤에 주로 활동하며 큰 것은 몸길이가 50센티미터에 달한다. 맛이 있어 우리나라에서는 넙치 다음으로 많이 양식되고 있으며 서해안의 주요 낚시대상 물고기이다.

양볼락과 117

조피볼락(제주도 모슬포)

참고 조피볼락과 비슷한 종으로는 누루시볼락과 띠볼락이 있다. 이들을 구분하려면 위턱의 입술 중간 부분을 비교해 보면 된다. 조피볼락은 위턱 입술 중간 부분이 3개의 가시로 완전히 나뉘어 있는 반면, 누루시볼락·띠볼락은 갈라져 있지 않다(그림 참조).

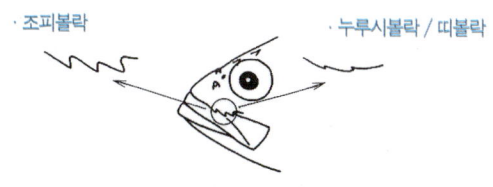

탁자볼락 (양볼락과)

영명 white edged rockfish
일명 에조메바루(エゾメバル)

낚시철 사계절
낚시터 배낚시, 갯바위
요 리 회·구이·매운탕

분포
국내 동해
국외 일본

특징 몸과 머리는 좌우로 납작하고 몸높이가 약간 높은 난원형이다. 몸색깔은 회갈색으로 등은 짙고 배는 등쪽보다 밝은 색이다.

생태 얕은 연안의 암초지역이나 해초가 우거진 곳, 방파제 주변에 많다. 몸길이는 보통 15센티미터 정도이며 큰 것도 20센티미터를 약간 넘는 정도이다. 꽁치나 오징어를 얇게 썰어 늘어뜨리면 쉽게 낚을 수 있다.

Sebastes thompsoni (Jordan and Hubbs) **양볼락과** 119

불볼락(양볼락과)

영명 goldeye rockfish
일명 우스메바루(ウスメバル)
방언 열기

낚시철 봄~가을
낚시터 배낚시
요 리 회·매운탕

분포
국내 동해·남해안, 서해 남부
국외 일본

특징 몸과 머리가 좌우로 납작한 긴 타원형이다. 뺨에 2~3개의 가시가 있고, 등지느러미는 극조부와 연조부로 구분된다. 아래턱이 위턱보다 약간 길다. 몸색깔은 담황색 바탕에 옆줄 위로 5개의 어두운 무늬가 있다.

생태 수심 60~100미터의 암초 주변에 많이 살며, 동물성 플랑크톤이나 작은 물고기를 먹는다. 미끼로는 오징어를 썰어서 사용한다. 난태생으로 봄에서 초여름에 새끼를 낳으며, 큰 것의 몸길이는 40센티미터에 달한다.

양볼락과 *Sebastes joyneri* Günther

도화볼락

참고 볼볼락과 혼동하기 쉬운 종으로는 도화볼락이 있다. 도화볼락은 어미의 몸길이가 20센티미터 정도로 볼볼락보다 작고, 볼볼락에 비해 사는 곳이 약간 북쪽으로 치우친다. 볼볼락은 옆줄 위의 얼룩무늬가 윤곽이 희미해서 불분명하지만, 도화볼락은 무늬의 색깔이 짙고 윤곽이 뚜렷하다(그림 참조). 볼볼락은 낚시인들에게 "열기"라는 이름으로 더 잘 알려져 있지만 정확한 이름은 볼볼락이다.

볼볼락과 도화볼락의 구분

· 볼볼락

무늬의 윤곽이 약간 희미하다

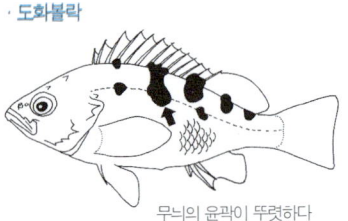

· 도화볼락

무늬의 윤곽이 뚜렷하다

Sebastes vulpes Steindachner and Döderlein 양볼락과

누루시볼락(양볼락과)

영명 fox jacopever
일명 기쓰네메바루
(キツネメバル)
방언 우묵어

낚시철 봄~가을
낚시터 방파제, 배낚시
요 리 회·매운탕

분포
국내 동해안, 남해안
국외 일본

특징 몸은 방추형에 좌우로 납작하며 조피볼락과 비슷한 모양이지만, 몸높이가 약간 높다. 위턱이 아래턱보다 약간 길다. 몸색깔은 연한 자갈색 바탕에 3개의 폭넓은 가로줄무늬가 있다.

생태 얕은 바다의 암초지역에 살며 난태생의 새끼를 낳는다. 주로 배낚시에서 잘 낚이는데 까나리, 미꾸라지 등 살아 있는 미끼를 사용한다. 어미의 몸길이는 40센티미터에 달한다.

참고 누루시볼락과 매우 비슷한 종으로는 띠볼락이 있다. 학자들에 따라 몸에 나타나는 가로줄무늬 모양의 선명도나 가슴지느러미 색깔에 의해 두 종을 구분하기도 하는데 이들의 중간 모양을 한 것들이 나타나기도 해서 어류학자들도 이 두 종을 구분하기가 매우 힘들다. 이 두 종은 나카보(Nakabo, 1994년)의 견해에 따라 분류하는 것이 가장 용이할 것으로 생각된다. 누루시볼락도 꼬리지느러미 가장자리에 흰색 테두리가 있지만 띠볼락은

누루시볼락에 비해 지느러미 가장자리의 흰 테두리 폭이 넓다. 특히 꼬리지느러미에서 뚜렷하다(그림 참조).

누루시볼락과 띠볼락의 구분

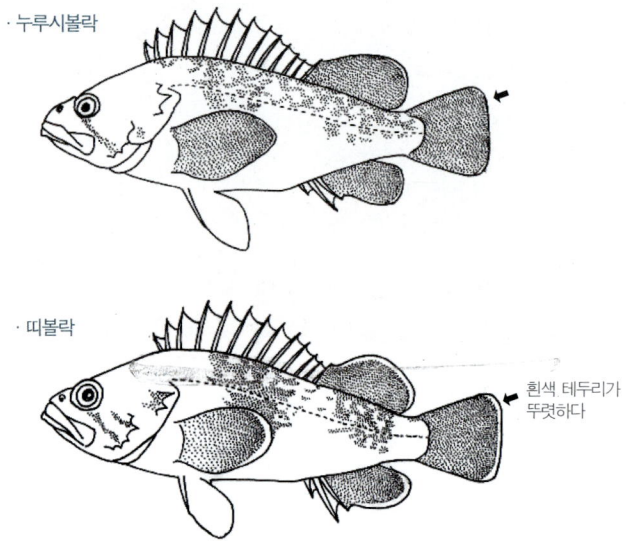

· 누루시볼락

· 띠볼락

흰색 테두리가 뚜렷하다

물고기가 지구상에 나타난 시기는?

척추동물 가운데 가장 오랜 역사를 가진 물고기는 약 5억 년 전쯤 지구상에 나타난 것으로 추측된다. 최초의 물고기는 턱이 없어서 무악류라고 불리며, 딱딱한 껍질에 싸여 있어서 갑주어라고도 한다. 갑주어는 데본기(약 4억~3억 5천만 년 전)에 번성하였으나 석탄기(3억 5천~2억 8천만 년 전)에 절멸되었다. 실루리아기(약 4억 3천~4억 년 전)에 악구류라고 하는 턱을 가진 물고기들이 나타났고, 데본기에 경골어류와 연골어류 등이 나타났다. 따라서 데본기는 물고기의 전성시대로 일컬어진다.

Sebastes zonatus Chen and Barsukov **양볼락과** 123

(강원도 옥계)

띠볼락(양볼락과)

영명 banded jacopever
일명 다누키메바루
　　　(タヌキメバル)

낚시철 봄~가을
낚시터 방파제, 배낚시
요 리 회·매운탕·소금구이

분포
국내 동해안
국외 일본

특징 몸은 방추형에 좌우로 납작하며 누루시볼락과 매우 비슷한 모양이다. 몸색깔은 연한 자갈색 바탕에 비교적 뚜렷한 3개의 가로줄무늬가 있다.

생태 얕은 바다의 암초지역에 살며 누루시볼락과 같은 장소에서 잡힌다. 일반인들에게는 누루시볼락과 구별이 어려워 같은 종으로 취급되고 있으며, 심지어 누루시볼락과 띠볼락 모두 조피볼락으로 취급될 정도로 모양이 비슷하다. 몸길이는 약 45센티미터까지 자란다.

쏨뱅이 (양볼락과)

영명 marbled rockfish
일명 가사고 (カサゴ)
방언 삼뱅이 · 자우레기

낚시철 사계절
낚시터 방파제, 갯바위, 배낚시
요 리 회 · 매운탕 · 구이 · 튀김

분포
국내 동해 · 남해안(제주도 포함)
국외 일본 남부~필리핀

특징 방추형에 몸과 머리는 좌우로 납작한 편이고, 긴 타원형이다. 조피볼락과 비슷하지만 몸높이가 약간 높다. 위턱이 아래턱보다 길고 몸색깔은 연한 자갈색 바탕에 3개의 폭넓은 가로줄무늬가 있다. 머리는 크고 양눈 사이가 깊이 파여 있으며, 머리 부분에 작지만 강하고 날카로운 가시가 많다. 등지느러미는 극조부와 연조부로 구분된다. 몸색깔은 흑갈색에서 암적색까지 사는 장소에 따라 변화가 심하다. 일반적으로 깊은 곳에 사는 것은 붉고 얕은 곳에 사는 것은 흑갈색을 띠는 경향이 있다.

생태 수심 수미터에서 50여 미터에 이르는 암초지역에 광범위하게 산다. 텃세가 심해 다른 무리가 자기 영역에 들어오면 상대를 위협하거나 입을 물어뜯는 것으로 알려져 있다. 난태생으로 산란기가 되면 수컷이 교접기를 이용해 암컷의 몸 안에 정자를 넣어 몸 안에서 수정이 이루어진다. 암컷은 겨울에서 이듬해 봄까지 약 1만 마리의 새끼를 낳는다. 낮에도 활동을 하지만 주로

Sebastiscus tertius Barsukov and Chen 양볼락과

붉은쏨뱅이

밤에 활발하게 움직인다. 먹이는 갯지렁이, 새우, 고기 조각 등 무엇이든 먹으려고 덤벼든다. 몸길이는 15~30센티미터에 배낚시가 일반적이고, 회 맛도 좋지만 소금구이 맛도 일품이다.

참고 쏨뱅이와 비슷한 종으로는 붉은쏨뱅이가 있는데, 이 둘은 가슴지느러미의 검은 반점으로 구분된다(그림 참조). 쏨뱅이는 가슴지느러미 기부의 검은 반점 색이 짙지만 붉은쏨뱅이는 희미하다.

쏨뱅이와 붉은쏨뱅이의 구분

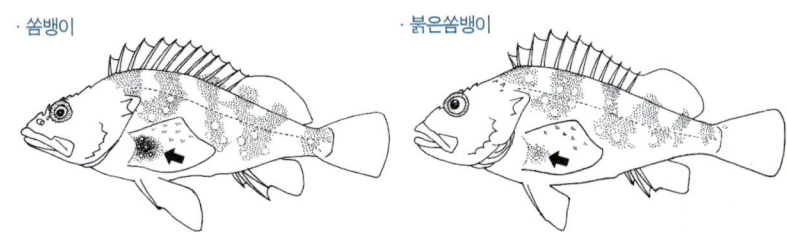

· 쏨뱅이   · 붉은쏨뱅이

미역치과 *Hypodytes rubripinnis* (Temminck and Schlegel)

미역치(미역치과)

영명 redfin velvetfish
일명 하오코제(ハオコゼ)

낚시철 사계절
낚시터 방파제, 갯바위
요 리 보통 먹지 않음

분포
국내 동해·남해(제주도 포함)
국외 일본 남부

특징 몸과 머리는 좌우로 납작한 편이고, 몸높이는 머리 부분이 높고 뒤로 갈수록 가늘어진다. 작은 비늘이 피부에 묻혀 있고, 등지느러미가 머리 뒤에서 꼬리지느러미 앞까지 이어진다. 몸색깔은 다갈색에 붉은 무늬가 있다.

생태 연안의 잡어로 해초가 많은 암초지역에 사는데 해조류가 무성한 바위에 떼를 지어 살기도 한다. 산란기는 7~8월이며 큰 것의 몸길이가 10센티미터 정도에 불과한 작은 물고기이다.

미역치(경북 영해)

참고 바위가 많은 바닷가에서 볼락류나 다른 물고기를 낚을 때 올라오는, 낚시인들이 원치 않는 불청객이다. 쏨뱅이같이 몸 전체가 붉어서 아름다워 보이지만 등지느러미 앞부분에 독이 있는 날카로운 가시가 있다. 방심하여 찔리면 부어오르고 통증이 심하며, 찔린 부위가 보라색으로 변하기도 한다. 맨손으로 잡지 않도록 주의해야 한다.

Cheliodonichthys spinosus (MCllelland)

성대(성대과)

영명 bluefin searobin
일명 호보(ホウボウ)
방언 꿋달갱이 · 쌀대

낚시철 사계절
낚시터 방파제, 배낚시
요 리 회 · 찌개 · 구이 · 튀김

분포
국내 전 연안
국외 일본 북해도~남중국해

특징 몸은 거의 원통형으로 앞부분이 크고 뒤로 갈수록 가늘어진다. 눈의 앞쪽 머리의 경사가 급하고 배는 편평하다. 주둥이의 끝은 아래에 있고 양쪽에 작은 가시가 있다. 등지느러미는 극조부와 연조부가 분리되어 있다. 길게 늘어진 검푸른색의 가슴지느러미는 아래쪽 3개의 연조가 손가락처럼 갈라져 있다. 몸 전체는 선홍색을 띤다.

생태 연안의 모래펄 바닥에 사는데 손가락처럼 분리된 가슴지느러미 연조로 바다 밑을 기어다니며 모래와 진흙 속에 있는 갯지렁이, 조개, 새우, 게 등을 찾아 먹는다. 큰 것의 몸길이는 40센티미터에 달한다. 야행성이지만 낮에도 먹이를 찾아다니기 때문에 배낚시에 가끔 걸려 올라오며, 가을에서 겨울까지가 가장 맛이 좋다.

Platycephalus indicus (Linnaeus) 양태과

양태(양태과)

영명 bartail flat head
일명 고치(コチ)
방언 장대 · 낭태

낚시철 봄~가을
낚시터 모래사장, 배낚시
요 리 회 · 매운탕 · 조림

분포
국내 서해, 남해
국외 일본, 남중국해, 호주

특징 머리 부분이 크고 위아래로 납작하며, 꼬리 부분은 좌우로 납작하다. 아가미 뚜껑에 2개의 둥근 가시가 있다. 머리와 몸은 갈색이며 어두운 가로줄무늬가 나타나기도 하고, 배쪽은 흰색이다.

생태 연안의 모래와 펄로 된 바닥이나 바위가 있는 모래사장의 수심이 15미터 정도되는 바닥에 살고 있으나, 수심 1미터 깊이에서도 볼 수 있다. 산란기는 5~6월이며, 보통 몸길이가 40~60센티미터이지만 호주에서는 1미터에 가까운 것들도 흔히 볼 수 있다. 최근에는 서해안에서 배낚시 물고기로 인기가 있으며, 전남 지방에서는 제사 음식으로 이용된다.

쥐노래미과 *Hexagrammos agrammus* (Temminck and Schlegel)

(강원도 주문진)

노래미 (쥐노래미과)

영명 spottybelly greenling
일명 구지메(クジメ)

낚시철 사계절
낚시터 방파제, 갯바위
요 리 회·매운탕·찜·구이

분포
국내 전 연해
국외 일본

특징 몸과 머리는 좌우로 납작하고, 몸높이가 다소 낮은 긴 방추형이다. 몸색깔은 다갈색 또는 적갈색으로 사는 곳에 따라 차이가 크다. 모양이 쥐노래미와 비슷하지만, 옆줄이 하나이고 꼬리지느러미의 끝이 약간 둥근 모양이라 쥐노래미와 구분된다.

생태 수심 1~30미터의 해초가 무성한 암초지대에 살며, 작은 갑각류나 갯지렁이류, 성게류 등을 먹고 대개 단독으로 행동한다. 몸길이는 20~30센티미터 정도이고, 맛은 쥐노래미보다 약간 떨어진다.

Hexagrammos otakii Jordan and Starks 쥐노래미과 131

쥐노래미(쥐노래미과)

영명 greenling
일명 아이나메(アイナメ)
방언 게르치

낚시철 사계절
낚시터 방파제, 갯바위
요 리 회·매운탕·찜·구이

분포
국내 서해·동남해 연안
국외 일본

특징 몸과 머리는 좌우로 납작하고, 몸높이가 낮은 긴 방추형이다. 꼬리지느러미의 가장자리는 거의 직선이고, 옆줄이 5개이다. 몸색깔은 황갈색, 다갈색 등 사는 장소에 따라서 차이가 크며, 산란기가 되면 수컷은 진한 황등색의 혼인색을 띤다. 등지느러미의 극조부와 연조부 사이에 검은색 반점이 있다.

생태 연안의 암초가 많은 바닥에 살며, 수심 1~30미터의 바위나 해초가 우거진 곳, 방파제 주변의 돌 사이에 많다. 물고기의 옆줄은 일종의 감각기관인데 옆줄이 5개나 있는 쥐노래미는 소리 등의 진동에 대단히 민감할 것으로 생각된다. 산란기는 11~12월로 암컷이 산란을 마치면 수컷이 알을 지키는 모습이 관찰되고 있다. 처음에는 망둑어 새끼를 주로 먹다가, 좀더 자라면 작은 게류, 성게, 조개류, 갯지렁이류를 주식으로 하고 해조류도 먹는다. 몸길이는 일반적으로 20~30센티미터 정도지만 드물게 50센티미터에 달하는 것도 볼 수 있다.

쥐노래미과 *Hexagrammos octogrammus* (Pallas)

줄노래미

참고 쥐노래미와 비슷한 종으로는 노래미와 줄노래미가 있다. 노래미는 옆줄이 1개이므로 5개인 쥐노래미와는 쉽게 차이가 나지만 옆줄이 5개인 줄노래미와는 구분이 쉽지 않다. 그러나 쥐노래미와 줄노래미는 꼬리지느러미 가장자리의 모양으로 구분할 수 있다. 그림에서 보는 것처럼 쥐노래미는 꼬리지느러미 가장자리가 직선에 가까운 반면, 줄노래미는 둥근 모양이다(그림 참조).

쥐노래미와 줄노래미의 구분

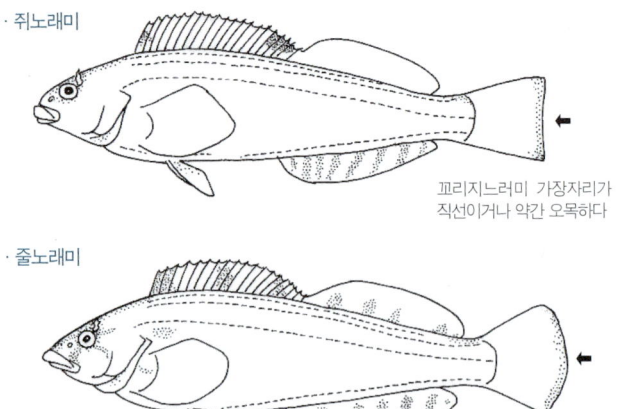

· 쥐노래미
꼬리지느러미 가장자리가 직선이거나 약간 오목하다

· 줄노래미
꼬리지느러미 가장자리가 약간 볼록하다

Pleurogrammus azonus Jordan and Metz   쥐노래미과

임연수어 (쥐노래미과)

영명 arabesque greenling
일명 홋케(ホッケ)
방언 새치

낚시철 사계절
낚시터 갯바위, 배낚시
요 리 회·매운탕

분포
국내 동해 중부 이북
국외 일본, 오호츠크해 쿠릴열도

특징 몸과 머리는 좌우로 납작하고 긴 방추형이다. 쥐노래미와 닮았지만 꼬리지느러미가 위아래로 갈라져 있어서 쉽게 구분된다. 몸색깔은 암갈색으로 배쪽은 희미하고 몸에 불분명한 어두운 무늬가 있다. 산란기에 수컷은 코발트색의 혼인색을 띠고, 서식환경에 따라 몸색깔의 변화가 심하다.

생태 한류성 물고기로 연안에서 수심 200미터까지의 암초지역에 살며 작은 물고기, 갑각류, 패류, 오징어류나 이들의 알을 주로 먹는다. 산란기는 9~12월이며 수심 30미터 정도의 물살이 빠른 바위지역에서 산란한다. 쥐노래미와 같이 수컷이 알을 보호한다. 대개 몸길이가 30~40센티미터 정도인데 큰 것은 60센티미터를 넘는다. 우리나라의 동해안 중·북부에서 쉽게 볼 수 있다.

둑중개과 *Alcichthys alcicornis* (Herzenstein)

빨간횟대(둑중개과)

영명 elkhorn sculpin
일명 니지카지카
　　　(ニジカジカ)

낚시철 사계절
낚시터 방파제, 갯바위
요 리 매운탕·구이

> 분포

국내 동해
국외 일본 북부

> 특징 　몸은 원통형이며, 머리 부분의 높이가 가장 높고 뒤로 갈수록 낮아진다. 몸색깔은 붉은색 바탕에 어두운 색의 폭이 넓은 얼룩무늬가 있다.

> 생태 　냉수성 물고기로 연해의 바닥에 살며, 어미의 몸길이는 30센티미터에 달한다. 우리가 횟대류로 알고 있는 물고기, 즉 둑중개과 물고기는 주로 연안의 암초지역에 산다. 일부 종은 먹기도 하지만 많은 종들이 작고 맛도 없어 대개는 버려진다. 바닷가(동해안과 남해안)에서 낚시에 자주 올라오는 둑중개과 물고기로는 빨간횟대 외에도 가시횟대, 무늬횟대, 가시망둑, 돌망둑이 등이 있다.

둑중개과 135

가시횟대

가시망둑

삼세기 (삼세기과)

영명 shaggy sea raven
일명 게무시카지카(ケムシカジカ)
방언 삼식이

낚시철 사계절
낚시터 배낚시
요 리 회 · 매운탕

분포

국내 전 연안
국외 일본 북부~오호츠크해, 베링해

특징 몸의 앞부분은 몸높이가 높은 원통형이며, 뒤로 갈수록 좌우로 납작해지고 몸높이도 낮아진다. 머리는 위아래로 납작하고 두 눈 사이는 깊이 파여 있다. 피부에 많은 돌기물이 있어 거칠다. 등지느러미는 극조부와 연조부로 구분된다. 몸색깔은 암갈색 바탕에 짙은 얼룩무늬들이 있으며, 배쪽은 녹색과 노란색 기운이 돈다. 생긴 모양이 쑤기미와 비슷해 보이지만, 등지느러미에 독가시가 없어서 쑤기미처럼 위험한 고기는 아니다.

생태 연안의 모래펄 바닥에 살며, 겨울에 산란한다. 어미의 몸길이는 35센티미터에 달한다.

Lateolabrax japonicus (Cuvier) 농어과

농어 (농어과)

영명 sea perch
일명 스즈키(スズキ)
방언 깔다구·까지맥이

낚시철 봄~가을
낚시터 갯바위, 배낚시
포획금지 20cm 이하
요 리 회·매운탕·구이

분포·농어
국내 남해안, 동해 남부
국외 일본

분포·점농어
국내 서해안, 남해 서부지역
국외 중국 연안

특징 몸은 좌우로 납작하고, 긴 방추형이다. 몸은 은백색으로 눈에 띄는 무늬는 없지만, 몸에 검은점들이 흩어져 있는 무리도 있다. 최근에 이런 무리들을 "점농어"라고 하여 농어와 구분해 별도의 종으로 보는 견해가 우세하다.

생태 연안에 살며, 기수와 담수에도 올라온다. 살아 있는 먹이를 좋아하는 육식성으로 청어과 물고기나 작은 고등어, 학공치, 숭어 새끼, 새우류 등을 먹는다. 봄에 은어가 강으로 올라올 때나 또는 산란을 위해 바다로 내려갈 때, 이들을 먹기 위해 강 하구까지 올라오기도 한다. 10~11월에 산란과 월동을 위해 연안의 깊은 곳으로 이동한다. 흔히 볼 수 있는 것은 몸길이가 30~60센티미터 정도이지만, 큰 것은 1미터를 넘는다.

점농어

참고 농어는 큰 것의 몸길이가 1미터를 넘어 여러 가지 낚시 방법으로 노릴 수 있는, 낚시인들에게 인기 있는 물고기이다. 살아 있는 먹이를 좋아하므로 산 새우를 미끼로 써도 좋고, 배낚시라면 살아 있는 고등어나 전갱이 새끼를 쓸 수 있다.

갯바위에서 낚아 올린 90센티미터 크기의 농어

Niphon spinosus Cuvier 농어과

다금바리 (농어과)

영명 sawedged perch
일명 아라(アラ)
방언 구문쟁이·뺄농어

낚시철 봄~가을
낚시터 배낚시
요 리 회·소금(양념)구이
       매운탕

분포
국내 남해안(제주도 포함)
국외 일본 남부~필리핀

특징 몸과 머리는 좌우로 납작하며 긴 방추형이다. 머리와 주둥이가 크며, 입은 주둥이 끝에서 크게 열리는데 아래턱이 위턱보다 약간 길다. 아가미 뚜껑 뒤쪽에 딱딱한 큰 가시가 있다. 등지느러미는 극조부와 연조부로 나뉘어 있고 꼬리지느러미 가장자리는 약간 파였다. 몸의 등쪽은 짙은 갈색, 배쪽은 연한 갈색 또는 흰색이다.

생태 수심 100~250미터의 암초가 있는 모래펄 바닥에 살며, 산란기는 2~8월이다. 몸길이는 보통 40~50센티미터이지만, 큰 것은 1미터에 달한다. 회는 물론 야채를 곁들인 매운탕으로 좋은데, 값이 비싼 데다 최근에는 잡히는 수가 줄어 맛보기가 더욱 힘들어졌다. 아가미 뚜껑의 날카로운 가시에 독이 있으므로 다룰 때 주의해야 한다. 비교적 깊은 바다에 살지만 빛에 모이는 습성이 있어서 목줄 부근에 집어등을 비추면 효과가 있다.

농어과 *Stereolepis doederleini* Lindberg and Krasyukova

돗돔(농어과)

영명 striped jewfish
일명 이시나기(イシナギ)
방언 가라스

낚시철 봄~여름
낚시터 배낚시
요 리 회·소금(양념)구이
　　　매운탕

분포
국내 남해안(제주도 포함)
　　　동해안
국외 일본

남해안에서 잡힌 1.5미터의
돗돔(사진제공 『월간낚시』)

특징 몸과 머리가 좌우로 납작한 방추형이다. 주둥이 끝은 약간 둥글고 아래턱이 위턱보다 나와 있으며, 아가미 뚜껑 끝에 2개의 딱딱한 가시가 있다. 몸색깔은 흑갈색 바탕에 어릴 때는 5개의 검은색 세로줄무늬가 나타나지만 자라면서 희미해진다.

생태 보통 수심 400~500미터의 깊은 바다에 살며, 산란기는 5~6월로 알려져 있다. 농어과 물고기들 가운데 가장 큰 종으로, 큰 것은 몸길이가 거의 2미터까지 자란다. 평소에는 깊은 곳에 살지만 산란기인 초여름에는 수심 100미터까지 올라오는데 이때가 돗돔 낚시의 좋은 시기이다. 맛이 좋아 회, 소금구이 등 어떤 요리를 해도 좋으나 난소와 간장은 독성분이 있으므로 먹지 않는 것이 좋다.

Caprodon schlegelii (Günther) 바리과

수컷(위)·암컷(아래)

붉벤자리 (바리과)

영명 schlegel's red bass
일명 아카이사키
　　　(アカイサキ)

낚시철 사계절
낚시터 배낚시
요 리 회·구이

분포
국내 남해(제주도 포함)
국외 일본 남부, 하와이, 호주

특징 몸과 머리는 좌우로 납작하고, 몸높이가 약간 높은 난원형이다. 아가미 뚜껑 끝 가장자리에 3개의 가시가 있다. 몸색깔은 아름다운 황적색으로 암수에 차이가 있는데, 수컷은 등지느러미에 커다란 검은색 반점이 있고 눈을 가로지르는 노란 줄무늬가 있다. 암컷은 몸 전체가 황색이고 아가미 뚜껑 뒤에 불분명한 붉은색 줄무늬가 있다.

생태 연안의 약간 깊은 암초지역에 살며, 육식성으로 작은 갑각류나 물고기를 주로 먹는다. 큰 것의 몸길이는 50센티미터에 달한다.

바리과 *Epinephelus akaara* (Temminck and Schlegel)

붉바리 (바리과)

영명 red spotted grouper
일명 기지하타(キジハタ)

낚시철 여름~가을
낚시터 방파제, 배낚시
요 리 회 · 매운탕
　　　　소금(양념)구이

분포
국내 남해안
국외 일본 남부, 중국

특징 몸과 머리는 좌우로 납작하며 몸높이가 약간 높은 방추형이다. 주둥이는 크고 입술이 두꺼우며 아래턱이 위턱보다 약간 길다. 몸색깔은 붉은색이 도는 갈색 바탕에 팥 색깔의 작은 반점이 온몸에 흩어져 있고, 주변 환경에 따라 색깔이 변한다.

생태 수온이 높은 바다의 암초지역이나 방파제 주변의 돌 사이에 살며, 육식성으로 새우나 게, 작은 물고기를 먹는다. 큰 것은 몸길이가 50센티미터에 달한다. 미끼로 새우나 생선의 토막살, 미꾸라지, 산낙지를 이용해 방파제낚시나 배낚시를 하는데 볼락류 등과 함께 낚이기도 한다. 미식가들이 인정하는 물고기로 여름철에 맛이 좋다. 5년 전만 해도 울릉도 등 동해 중부에서는 보기 힘들었으나 최근에는 수온의 상승으로 울릉도 해역에서도 쉽게 볼 수 있다.

Epinephelus moara (Temminck and Schlegel) 바리과

자바리 (바리과)

영명 kelp bas
일명 구에(クエ)

낚시철 사계절
낚시터 배낚시
요 리 회·매운탕·양념구이

분포
국내 남해안(제주도 포함)
국외 일본~인도

특징 몸과 머리는 좌우로 납작한 방추형이다. 몸색깔은 다갈색 바탕에 6개의 흑갈색 가로줄무늬가 비스듬히 놓여 있는데, 어미는 이 줄무늬가 희미해지고 노성어가 되면 완전히 없어져 능성어와 구분하기가 어렵게 된다.

생태 수심 50미터까지의 암초지역에 사는데 한 곳에 정착하여 사는 것으로 알려져 있다. 야행성으로 저녁때부터 동물성 먹이를 찾아 움직인다. 자바리를 낚으려면 해질 무렵부터 시작하는 것이 좋고, 미끼는 오징어나 전갱이를 주로 쓴다. 자바리는 회맛이 좋고 값도 매우 비싸다. 양념구이, 매운탕으로도 먹는다.

바리과 *Epinephelus septemfasciatus* (Thunberg)

능성어 (바리과)

영명 sevenband grouper
일명 마하타(マハタ)
방언 일곱톤바리

낚시철 사계절
낚시터 갯바위, 배낚시
요 리 회 · 매운탕 · 튀김
소금(양념)구이

분포
국내 남해(제주도 포함)
국외 일본~인도양

특징 몸과 머리는 좌우로 납작하고, 긴 타원형이다. 아래턱이 위턱보다 앞으로 나와 있고, 등지느러미는 극조부와 연조부가 이어져 있다. 몸색깔은 전체가 흑갈색을 띠며, 몸길이가 40센티미터 미만인 것들은 몸에 폭이 넓은 7개의 암갈색 가로줄무늬가 있다. 어미가 되면 이 줄무늬들이 희미해지고 노성어가 되면 완전히 없어진다.

생태 수심 100미터까지의 암초지역에 살며 육식성이다. 단독으로 움직이고, 낮에도 활동하지만 주로 밤에 움직인다. 어미가 되면 한 곳에 붙박이로 사는 경향이 있고, 자리에 대한 텃세가 심해 한 번 놓쳤다가도 끈기 있게 기다리면 다시 낚을 수 있다. 미끼는 미꾸라지, 갯지렁이, 오징어, 고등어, 전갱이 토막을 사용한다. 큰 것은 1미터에 달하며, 맛이 좋고 경제적 가치가 높아 감성돔보다 고급어종으로 취급된다.

Banjos banjos (Richardson) 독돔과

독돔(독돔과)

영명 banjofish
일명 조센바카마
　　　(チョウセンバカマ)

낚시철 봄~가을
낚시터 갯바위, 배낚시
요 리 찜·소금(양념)구이

분포
국내 남해(제주도 포함)
국외 일본~대만

특징 몸은 좌우로 납작하고, 몸높이가 높은 타원형이다. 몸색깔은 청회색 바탕에 폭이 넓은 가로줄무늬가 있다. 배는 연한 색인데 죽으면 위 사진에서처럼 갈색으로 변한다. 등지느러미는 극조부와 연조부로 구분되고, 연조부의 앞가시와 꼬리지느러미 끝부분은 검은색이다. 꼬리지느러미의 가장자리에는 흰색 테두리가 있다.

생태 수심 200미터 부근의 연안과 대륙붕, 바위가 많은 지역에 산다.

뿔돔과 *Cookeolus boops* (Schneider)

뿔돔(뿔돔과)

영명 bulleye
일명 지카메킨토키
　　　(チカメキントキ)
방언 깍다구

낚시철 여름~가을
낚시터 배낚시
요 리 회·매운탕·구이

분포
국내 남해안(제주도 포함)
　　　울릉도
국외 열대 해역

특징 몸과 머리는 좌우로 아주 납작하고, 몸높이가 높은 난원형이다. 매우 큰 눈이 머리의 등쪽에 치우쳐 있으며, 아래턱이 위턱보다 나와 있다. 등지느러미는 극조부의 길이가 연조부보다 훨씬 짧으며, 배지느러미가 길고 넓다. 몸은 전체가 짙은 주홍색을 띠며, 등지느러미와 뒷지느러미, 배지느러미의 막은 검은색이다.

생태 수온이 높은 바다의 수심 100미터 이상의 깊은 곳에 산다. 낚시에 걸려도 크게 몸부림치지 않는데, 물이 맑은 곳에서는 부챗살 같은 지느러미를 활짝 펴고 부상하는 모습에 멀리서도 뿔돔이란 것을 알 수 있다. 몸길이는 40센티미터에 달한다. 고기는 맛이 있어, 얇게 썰어 끓는 물에 살짝 데친 후 양념장에 먹는 맛이 일품이다.

Priacanthus macracanthus Cuvier **뿔돔과** 147

홍치 (뿔돔과)

영명 red bulleye
일명 긴토키다이
　　　(キントキダイ)

낚시철 여름~가을
낚시터 배낚시
요 리 매운탕·구이

분포
국내 남해안(제주도 포함)
국외 일본~대만, 필리핀, 말레이 반도, 아라비아·호주·하와이 해역

특징 몸과 머리가 좌우로 납작한 방추형이다. 큰 눈이 머리의 약간 위에 달려 있고 뺨에 딱딱한 가시가 있다. 아래턱이 위턱보다 나와 있고 입은 위로 열려 있다. 등지느러미는 극조부와 연조부로 나뉘고, 꼬리지느러미는 거의 직선에 가깝지만 약간 오목하게 들어가 있다. 몸색깔은 선홍색에 등쪽이 짙고, 배쪽은 옅은 색이다. 뒷지느러미는 연노랑색 바탕에 짙은 노란색 반점이 있다.

생태 수온이 높은 따뜻한 바다에 살며, 어미의 몸길이는 25센티미터 정도이다.

동갈돔과 *Apogon semilineatus* Temminck and Schlegel

(제주도 모슬포)

줄도화돔(동갈돔과)

영명 barface cardinalfish
일명 넨부쓰다이
　　　(ネンブツダイ)

낚시철 사계절
낚시터 방파제
요 리 젓갈

분포
국내 중남부 해역, 제주도
국외 일본 남부, 필리핀

특징 몸과 머리는 좌우로 납작하고 꼬리지느러미 앞부분이 가느다란 방추형이다. 몸색깔은 아름다운 광택이 있는 분홍빛을 띠며, 주둥이 끝부터 눈을 가로질러 아가미 뚜껑 뒤까지 폭이 넓은 2개의 검은줄이 있다. 또 약간 가는 세로줄이 눈 위쪽부터 등 위쪽을 지나 제2등지느러미 아래까지 이어진다.

생태 연안의 암초 주변에 떼를 지어 살며 원치 않게 낚시에 걸려들어 낚시인들을 짜증나게 만든다. 몸길이가 10센티미터 미만이고 맛도 없어서 보통 먹지 않는다. 산란 생태가 매우 흥미있는 물고기로 여름철 산란기에 암컷이 낳은 알을 수컷이 입 속에 담아 보호하여 부화시킨다. 이때 수컷은 먹이도 먹지 않고 새끼만 돌보는 부성애를 발휘한다.

Apogon doederleini Jordan and Snyder　동갈돔과

(제주도 모슬포)

세줄얼게비늘(동갈돔과)

영명　fourstripe cardinalfish
일명　오오스지이시모치
　　　(オオスジイシモチ)

낚시철　사계절
낚시터　방파제, 갯바위
요　리　보통 먹지 않음

분포
국내　남부 해역
국외　일본 남부, 필리핀, 대만

특징 몸과 머리는 좌우로 납작하고 몸높이가 몸길이의 3분의 1 이상인 긴 타원형이다. 몸색깔은 복숭아빛에 4개의 흑갈색 세로줄무늬가 있다.

생태 열대성 물고기로 연안의 암초 주변에 떼를 지어 살며, 야행성으로 밤낚시인들에게 폐를 끼치는 물고기이다. 어미의 몸길이가 10센티미터 미만이며 맛도 신통치 않다.

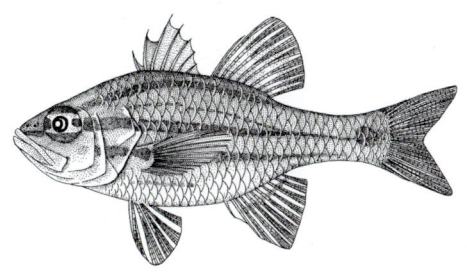

보리멸과 *Sillago japonica* Temminck and Schlegel

청보리멸(보리멸과)

영명 silver whiting
일명 시로기스(シロギス)
방언 모래무지

낚시철 봄~가을
낚시터 방파제, 갯바위 근처의 모래밭
요 리 회·매운탕 조림·소금구이

분포
국내 전 연안의 모래바닥
국외 일본, 대만, 필리핀

특징 몸은 원통형으로 길다. 머리는 작으며 눈은 머리의 약간 위쪽에 붙어 있다. 몸색깔은 연한 황갈색이며 배는 담색인데, 살아 있을 때는 반투명한 색에 무지갯빛이 감돈다.

생태 물이 깨끗한 연안의 모래바닥이나 펄이 섞인 모래에 산다. 작은 무리를 짓고 다니면서 갯지렁이, 새우류를 튀어나온 입으로 빨아들이듯 잡아먹는다. 큰 것은 몸길이가 25센티미터에 달한다. 겨울에는 깊은 곳으로 들어가지만, 초여름 산란기에는 바닷가의 얕은 곳으로 나오므로 이때가 낚시의 좋은 계절이다.

참고 청보리멸과 비슷한 종으로는 보리멸(*Sillago sihama*)이 있다. 옆줄 위의 비늘 수가 3~4개인 청보리멸과 달리 보리멸은 5~6개이다. 또 보리멸의 제2등지느러미에는 검은점들이 있다(그림 참조). 바닷가 모래밭이나 갯바위에서 손쉽게 낚을 수 있기 때문에 피서를 겸한 가족동반 낚시대상 물고기로 좋다. 청보리멸과 보리멸의 흰살은 어떻게 먹어도 맛이 있다. 비늘·머리·내장을 제거한 후 물에 씻어 몸통을 얇게 썬은 "뼈회"는 고소한 맛이 나고, 내장과 비늘만을 제거한 후 소금을 뿌려 불에 익힌 소금구이도 좋으며, 무와 양념을 넣고 조림을 만들어 반찬으로 먹어도 맛있다. 미끼는 갯지렁이를 쓴다.

청보리멸과 보리멸의 구분

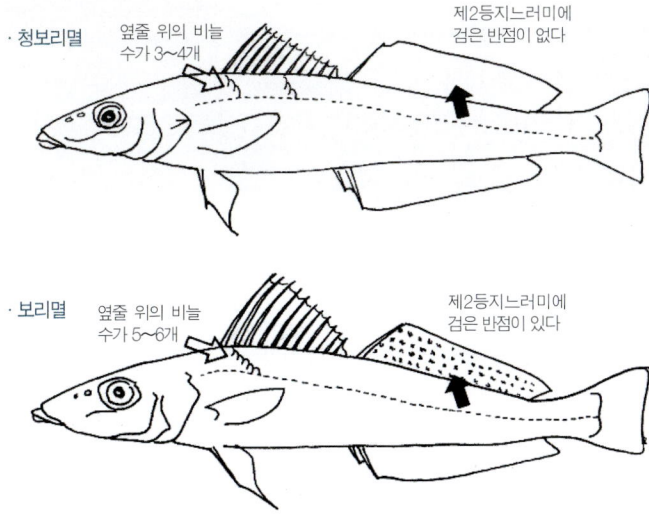

옥돔과 *Branchiostegus japonicus* (Hottuyn)

옥돔(옥돔과)

영명 red horsehead
일명 아카아마다이(アカアマダイ)
방언 오도미

낚시철 사계절
낚시터 배낚시
요 리 건조구이 · 찌개

분포

국내 남해안(제주도 포함)
국외 일본, 중국

특징 몸과 머리는 좌우로 납작하며, 몸높이는 머리 부분이 가장 높고 몸의 뒤로 갈수록 낮아진다. 주둥이 앞의 모양은 아래로 급하게 경사를 이루고 눈 뒤에는 역삼각형의 은백색 줄무늬가 있다. 몸색깔은 황갈색 바탕에 희미한 홍갈색 가로줄무늬가 있고, 꼬리지느러미에는 담황색 바탕에 5~6개의 황색 세로줄무늬가 뚜렷하다.

생태 수심 50~100미터의 따뜻한 바다의 모래바닥 부근에 살며, 이동을 별로 하지 않고 구멍을 파서 집을 만드는 습성이 있다. 몸길이는 보통 20~40센티미터이며 큰 것은 50센티미터에 달한다. 제주도에서 대단히 인기 있는 물고기로, 등을 갈라 말린 것을 얼렸다가 구이를 하면 최고의 맛을 즐길 수 있다. 가을에서 겨울에 가장 맛이 좋으며 수심이 약간 깊은 곳에서 배낚시로 잘 낚인다.

Coryphaena hippurus Linnaeus 만새기과

만새기(만새기과)

영명 dolphinfish
일명 시이라(シイラ)

낚시철 봄~가을
낚시터 배낚시
요 리 구이·찜

국내 동해 남부, 남해 연안
국외 온대와 열대 해역

특징 몸과 머리는 좌우로 납작하고, 몸높이는 머리 부분이 높지만 뒤로 갈수록 낮아져 꼬리자루는 가늘다. 등지느러미는 눈의 뒤에서 시작되어 꼬리까지 길게 이어지고, 뒷지느러미는 몸의 중앙에서 시작된다. 몸의 등쪽은 청색, 배쪽은 흰색에 가까운 황색이고, 남색의 반점이 흩어져 있다.

생태 먼 바다의 수면 가까이를 무리 지어 헤엄치며, 산란기는 7~8월로 알려져 있다. 몸길이 1미터 정도의 것은 흔히 볼 수 있고, 큰 것은 1.5미터까지 자란다. 루어를 쫓아 강하게 점프하기 때문에 하와이에서는 먹는 맛보다 잡는 재미로 인기 있는 낚시 대상 물고기이다. 배낚시를 할 때 살아 있는 미끼를 헤엄치게 하여 잡는 방법이 있으며, 외국에서는 루어낚시의 주요 물고기로 정착해 가고 있다.

Alectis ciliaris (Bloch)

실전갱이 (전갱이과)

영명 ciliated threadfish
일명 이토히키아지
　　　(イトヒキアジ)

낚시철 봄~가을
낚시터 배낚시
요 리 구이·찜

분포
국내 중부 이남
국외 일본, 중국, 타이, 인도양

특징 몸은 좌우로 아주 납작하고, 몸높이가 높은 마름모꼴이다. 몸색깔은 등쪽은 청색, 배쪽은 은백색에 5개의 가로줄무늬가 있다. 어릴 때는 등지느러미와 뒷지느러미의 연조가 실 모양으로 늘어나 몸길이의 2배나 된다. 어미가 되면 연조가 짧아지고, 가로줄무늬도 없어진다.

생태 따뜻한 바다의 연안에 살며 몸길이는 30~90센티미터 정도이다. 고기는 맛이 있으며, 어릴 때의 우아한 모습 때문에 해양수족관 등에서 관상어로 많이 기른다.

Uraspis helvola Forster 전갱이과

민전갱이 (전갱이과)

영명 white tongued crevalle
일명 오키아지(オキアジ)

낚시철 여름~가을
낚시터 배낚시
요 리 회·구이·찌개

분포
국내 남해안(제주도 포함)
국외 일본~대만

특징 몸은 몸높이가 높은 타원형이고 꼬리자루는 아주 가늘다. 아래턱이 위턱보다 튀어나와 있고, 옆줄은 몸 중앙에서 아래쪽으로 휘어져 내려온다. 몸색깔은 흑갈색에 은백색 광택이 나고, 암색의 가로줄무늬가 나타나기도 한다.

생태 연안의 바닥에서 작은 무리를 지어 움직이고, 작은 갑각류와 조개류를 먹는다. 어미의 몸길이는 보통 30센티미터 전후이지만 큰 것은 40센티미터에 달하고 맛이 있는 물고기이다.

전갱이과 *Seriola dumerili* (Risso)

잿방어 (전갱이과)

영명 purplish amberjeck
일명 간파치(カンパチ)

낚시철 여름~가을
낚시터 갯바위, 배낚시
요 리 회·소금구이

분포
국내 서해, 남해
국외 온대 해역(전 세계)

특징 몸은 방어와 비슷하지만 몸높이가 약간 높다. 등지느러미는 2개이고, 꼬리자루는 아주 가늘다. 몸색깔은 등쪽은 청색이고, 배쪽은 은백색이다. 몸의 중앙에 노란색 줄무늬가 지나가고, 머리 위에서 눈까지 검은색 줄무늬가 선명하지만 물 밖으로 나오면 희미해져 잘 보이지 않는다.

생태 따뜻한 바다의 중층과 수면 가까이에서 빠르게 헤엄쳐 다니며 멸치류, 전갱이류, 새우류 등을 먹는다. 산란기는 6~8월이다. 보통 몸길이 40~50센티미터의 것은 흔히 볼 수 있는데, 큰 것은 1.5미터 이상 자란다. 루어를 잘 쫓는 고기로 배낚시 외에 해변에서 루어낚시에 걸리기도 한다. 여름에서 가을 사이에 30~40센티미터 크기의 것이 맛이 있다.

Seriola lalandi Valenciennes

부시리(전갱이과)

영명 goldstriped amberjack
일명 히라마사(ヒラマサ)
방언 나분치 · 평방어

낚시철 여름~가을
낚시터 갯바위, 배낚시
요 리 회 · 소금(양념)구이

분포
국내 동해, 서해 남부
　　남해안(제주도 포함)
국외 일본

특징 몸은 긴 방추형에 좌우로 약간 납작한 편이며, 가슴지느러미가 배지느러미보다 짧다. 몸의 등쪽은 청색이 선명하고 배쪽은 연한 회청색이며, 몸 중앙에 녹황색 세로줄이 하나 있다.

생태 따뜻한 연안의 수면 가까이를 헤엄쳐 다니며, 육식성으로 전갱이, 까나리, 청어류, 고등어 등의 작은 물고기와 오징어, 새우 등을 즐겨 먹는다. 큰 것은 몸길이가 1미터, 무게는 30킬로그램에 달한다.

참고 부시리는 빠를 때는 시속 50킬로미터가 넘는 속도로 먹이를 쫓고 22도 이상의 따뜻한 물을 좋아한다. 갯바위나 배에서 살아 있는 미끼를 이용하여 낚을 수 있는데, 여름에서 가을 사이가 가장 맛이 좋다. 소금(양념)구이, 회 모두 맛이 있고, 낚싯바늘에 걸렸을 때 당기는 힘이 낚시인들을 매료시킨다. 부시리와 비슷한 종으로는 방어가 있는데 이 두 종은 턱 주변의 모양과 가슴지느러미의 크기가 약간 다르다(그림 참조). 부시리는 입 뒤쪽의 삼각형을 이룬 부분이 약간 둥글고 가슴지느러미가 배지느러미보다 작은 반면, 방어는 입 뒤쪽이 뚜렷한 각을 이루고 가슴지느러미와 배지느러미의 크기가 같다. 또 부시리는 방어보다 따뜻한 물을 좋아한다.

부시리와 방어의 구분

· 부시리

약간 둥글다

가슴지느러미가
배지느러미보다 작다

· 방어

거의 직각이다

가슴지느러미와 배지느러미의
크기가 비슷하다

Seriola quinqueradiata Temminck and Schlegel 전갱이과

방어 (전갱이과)

영명 amberjacks
일명 부리(ブリ)

낚시철 여름~겨울
낚시터 갯바위, 배낚시
포획금지 20cm 이하
요 리 회·소금(양념)구이

분포
국내 동해, 서해 남부 남해안(제주도 포함)
국외 온대 해역(세계적)

특징 몸은 긴 방추형이며 좌우로 약간 납작하고, 가슴지느러미와 배지느러미의 크기가 비슷하다. 입가의 모양 등을 제외하고는 몸의 색깔이나 모양, 녹황색 줄무늬가 부시리와 비슷하다.

생태 따뜻한 연해에 살며, 산란기는 6~8월경이다. 생태 역시 부시리와 비슷하지만 부시리보다는 방어가 많이 잡히는 편이다. 큰 것은 몸길이가 1미터를 넘는다. 방어는 기름이 오른 늦가을에 맛이 가장 있다. 낚시로 잡히는 것은 대개 30센티미터 정도부터인데, 40센티미터 이하의 것은 기름이 적어 맛이 떨어진다.

160 전갱이과

방어

Trachurus japonicus Temminck and Schlegel 전갱이과 161

전갱이(전갱이과)

영명 yellow fin horse mackerel
일명 마아지(マアジ)
방언 매가리 · 가라지 · 각재기

낚시철 사계절
낚시터 방파제, 배낚시
요 리 회 · 구이 · 찌개

분포
국내 전 연안
국외 일본

특징 몸과 머리는 좌우로 납작하고 몸높이가 낮은 방추형이다. 경골어류에서는 보기 드물게 옆줄 위에 가시 모양의 독특한 방패비늘이 발달되어 있다. 몸의 중간쯤에서 급격하게 옆줄이 휘어져 내려온다. 몸의 등쪽은 암록색, 배쪽은 은백색이다.

생태 연안의 수면 가까이를 큰 무리를 지어 이동하고, 산란기는 해역에 따라 차이가 있다. 동물성 플랑크톤, 부유성 갑각류, 물고기나 오징어의 새끼를 주로 낮에 먹는데, 밤에도 불을 밝히면 먹이를 먹는다. 입은 크지만 입 부근의 막이 찢어지기 쉬워 낚아 올리기가 조금 힘들다. 여름철 방파제에서 밤낚시 하기에 적합한 물고기이다.

주둥치과 *Leiognathus nuchalis* (Temminck and Schlegel)

주둥치 (주둥치과)

영명 spotnape ponyfish
일명 히이라기(ヒイラギ)

낚시철 봄~가을
낚시터 강 하구, 모래사장
요 리 매운탕 · 소금구이

분포
국내 서해 · 남해 연안
국외 일본

특징 몸은 나뭇잎 모양으로 몹시 납작하고, 몸높이가 높은 난원형이다. 몸의 등쪽은 연한 청색, 배쪽은 은백색을 띤다. 머리 뒷부분에 검은점이 하나 있고, 등지느러미에도 검은점이 있다.

생태 연안의 바닥 가까이에 살며, 무리를 지어 강 하구로 올라오기도 한다. 새우, 갯지렁이 등을 뾰족한 입으로 잡아먹는데, 보리멸 낚시에 잡히기도 한다. 몸길이는 10센티미터 정도이지만 큰 것은 15센티미터에 달한다. 하구에서 투망을 던져 주둥치의 어린 새끼들이 걸려들면 이를 제거하는 데 수십 분은 소모해야 되고, 바닷가에서 다른 물고기를 낚을 때 원치 않게 올라와 낚시인들을 짜증스럽게 하기도 한다. 그러나 꽤 맛이 있으므로 버리지 말고 모아 두었다가 조과가 좋지 않을 때 소금구이나 매운탕에 넣으면 입맛을 돋우기에 충분하다. 몸 표면의 미끈거림은 소금을 뿌려 물로 씻으면 간단히 제거된다. 등지느러미와 배지느러미 가시가 날카로우므로 주의해야 한다.

Brama japonica Hilgendrf **새다래과** 163

새다래(새다래과)

영명 pomfret
일명 시마가쓰오
　　　(シマガツオ)

낚시철 봄~여름
낚시터 배낚시
요 리 회·찜

분포
국내 전 연안
국외 북태평양의 온대와
　　 아열대 해역

특징 몸과 머리는 좌우로 심하게 납작하고, 몸높이가 높은 난원형이다. 등지느러미는 꼬리지느러미 앞까지 길게 이어지며, 꼬리지느러미 끝은 제비꼬리처럼 깊게 파였다. 몸색깔은 살아있을 때는 금속성 광택을 띤 은백색이지만, 죽으면 검게 변하여 주위의 물까지 검게 물들인다.

생태 북태평양의 온대에서 아열대에 걸친 먼 바다에 사는 고기로, 계절에 따라 회유하는 것으로 알려져 있다. 초여름 따뜻한 바다의 수심 200~300미터 깊이에 모습을 나타내며 무리를 지어 헤엄치는데, 이때가 낚시의 적기이다. 육식성으로 밤낮 구별 없이 움직이고, 작은 물고기나 오징어류를 즐겨 먹는다. 흰 살은 맛이 있는 편이다.

선홍치 (선홍치과)

영명 bonnetmouth
일명 하치비키
　　　(ハチビキ)

낚시철 사계절
낚시터 배낚시
요 리 구이·찜

분포
국내 남해안(제주도 포함)
　　　동해안
국외 태평양, 아라비아해

특징 몸은 길고, 좌우로 납작한 편이다. 극조부와 연조부가 완전히 나뉘지 않고 이어진다. 몸색깔은 선명한 홍색이고, 배쪽은 은백색 광택이 있다.

생태 수심 100~350미터의 암초지역에 산다.

부레의 기능은?

대부분의 물고기는 내장에 "부레"라는 독특한 기관을 가지고 있다. 이런 부레는 다음과 같은 역할을 한다.
첫째, 부력 조절
둘째, 호흡기관 또는 산소저장기관
셋째, 압력과 소리를 감지하는 감각기관
넷째, 소리를 내는 발음기관

Lobotes surinamensis (Bloch) **백미돔과**

백미돔(백미돔과)

영명 triple tail
일명 마쓰다이(マツダイ)

낚시철 봄~가을
낚시터 배낚시
요 리 매운탕·구이·찜

분포
국내 남해안(제주도 포함)
　　 동해안
국외 태평양, 인도양
　　 대서양의 온대와
　　 열대 해역

특징 몸은 좌우로 납작하고, 몸높이가 약간 높은 긴 타원형이다. 등지느러미의 극조부와 연조부는 막으로 연결되어 있고, 등지느러미와 뒷지느러미가 길어서 뒤 끝이 꼬리지느러미 중간 부근까지 겹친다. 그래서 꼬리지느러미와 등지느러미, 뒷지느러미까지 모두 3개의 꼬리지느러미가 있는 것처럼 보여 영어로 "트리플 테일(triple tail)"이라 부른다. 몸색깔은 암갈색에 연한 녹색이 섞여 있다.

생태 따뜻한 바다의 수면 가까운 곳과 중층에서 살고, 어미의 몸길이는 1미터에 달한다.

166 하스돔과 *Hapalogenys mucronatus* (Eydoux and Souleyet)

군평선이 (하스돔과)

영명 belted beared grunt
일명 세토다이(セトダイ)
방언 닷돔 · 딱돔

낚시철 봄~가을
낚시터 배낚시
요 리 회 · 구이 · 찜

분포
국내 서해 · 남해안
국외 남일본~대만

특징 몸은 좌우로 납작하고, 몸높이가 높은 타원형이다. 등지느러미는 극조부와 연조부로 구분되고, 극조부의 3번째 가시가 특히 길게 뻗어 있다. 뒷지느러미는 2번째 가시가 강하고 길다. 몸색깔은 황갈색으로 몸의 옆면에서 꼬리자루까지 5개의 암갈색 가로줄무늬가 있다. 등지느러미 가시는 노란색이고 지느러미 막은 검은색이며, 연조부는 노란색 바탕에 끝이 검다.

생태 온대성 물고기로 연안의 바위가 많은 모래펄 지역의 바닥 부근에 산다. 어미의 몸길이는 30센티미터 이상이고, 맛이 있어 주로 양념을 바른 찜으로 많이 먹는다.

Hapalogenys nitens (Richardson) 하스돔과 167

동갈돗돔(하스돔과)

영명 skewband grunt
일명 히게소리다이
　　　(ヒゲソリダイ)

낚시철 봄~가을
낚시터 배낚시
요 리 회·구이·찜

분포
국내 서해·남해안
국외 남일본~동중국

특징 몸은 좌우로 납작하고, 몸높이가 높은 타원형이다. 등지느러미는 극조부와 연조부로 나뉘어 있다. 몸색깔은 회청색 바탕에 2개의 굵은 암색 줄무늬가 있다. 앞의 것은 등지느러미 앞에서 시작되고, 뒤의 것은 등지느러미 극조부에서 시작되어 처음에는 몸 아래로 내려오는 가로줄무늬였다가 휘어져 뒷부분은 꼬리지느러미 쪽으로 내려오는 세로줄무늬가 된다. 등지느러미 연조부와 뒷지느러미, 꼬리지느러미는 연한 황색을 띠고 가장자리는 어두운 색을 띤다.

생태 온대성으로 연안이나 대륙붕의 모래펄 지역의 바닥 부근에 살며, 어미는 30센티미터 이상 자란다. 맛이 있는 물고기로 군평선이와 같이 주로 양념을 발라 찜으로 많이 먹는다.

어린 동갈돗돔(오른쪽 사진)

벤자리 (하스돔과)

영명 threeling grunt
일명 이사키(イサキ)

낚시철 봄~가을
낚시터 방파제, 갯바위, 배낚시
요 리 회·매운탕·구이

분포
국내 남해안(제주도 포함)
국외 일본, 남중국해

특징 몸과 머리는 좌우로 납작하며, 몸높이가 낮은 방추형이다. 등지느러미는 극조부와 연조부가 나뉘어 있다. 몸의 등쪽은 암갈색에 진한 녹색의 세로줄무늬가 2개 있고 배쪽은 은백색이다. 어린 것일수록 세로줄무늬가 뚜렷하다.

생태 온대의 암초가 많고 수심이 낮은 곳에 살며, 밤에 수면 가까이 올라와 동물성 플랑크톤이나 작은 갑각류를 먹는다. 새끼는 큰 무리를 지어 중층을 헤엄쳐 다니지만, 어미는 바위나 어초 사이를 즐겨 다닌다. 야행성으로 여름철 해변가 밤낚시에 잘 낚이는데, 일반적으로 배낚시를 한다. 몸길이는 보통 20~35센티미터이고, 큰 것은 50센티미터에 달한다.

Plectorhinchus cinctus (Temminck and Schlegel) 하스돔과

어름돔(하스돔과)

영명 threeband sweetlips
일명 고쇼다이
　　　(コショウダイ)

낚시철 사계절
낚시터 방파제, 갯바위, 배낚시
요 리 회·매운탕·구이·찜

분포
국내 서해·남해안
　　　(제주도 포함)
국외 일본 남부~남중국해
　　　아라비아해

특징 몸과 머리는 좌우로 몹시 납작하고, 몸높이가 높은 타원형이다. 몸색깔은 청회색으로 머리와 등에 비스듬히 놓인 3개의 굵고 검은 줄무늬가 있다. 또 등에서 꼬리지느러미까지 불규칙한 점들이 많이 있다.

생태 암초가 많은 가까운 바다에 살며, 보통 5~10마리가 작은 무리를 지어 움직인다. 큰 것의 몸길이는 50센티미터 이상이며, 산란기는 5~6월이다.

감성돔 (도미과)

영명 black sea bream
일명 구로다이(クロダイ)
방언 감생이

낚시철 사계절
낚시터 방파제, 갯바위, 배낚시
요 리 회·매운탕
　　　양념구이·찜

분포
국내 전 연안
국외 일본 중부~남중국해

특징 몸과 머리는 좌우로 납작하고, 몸높이가 약간 높은 난원형이다. 몸색깔은 금속성의 은청색 바탕에 암색의 가로줄무늬가 있다. 등지느러미, 뒷지느러미, 꼬리지느러미에 무늬는 없으나 가장자리가 약간 검다.

생태 연안의 내만성 물고기로 바다의 바닥 가까이에 살고, 강의 하구에도 올라온다. 산란기는 4~6월이며 수컷에서 암컷으로 성전환을 한다. 5센티미터 미만의 어린 새끼들은 정소를 가지고, 10센티미터까지 자라면 암컷의 상징인 난세포가 나타난다. 3~4년 간은 한몸에 난소와 정소를 다 지닌 자웅동체(암수한몸)가 된다. 4~5년생이 되어야 난소나 정소 가운데 하나가 퇴화되어 암수 성별이 확실해진다. 정자는 암수한몸인 상태에서도 방출되지만, 알은 정소가 퇴화되어 완전히 암컷으로 되었을 때만 낳을 수 있다. 큰 것은 몸길이 50센티미터에 달하고, 60센티미터 이상 되는 것은 최대어 후보이다.

참고 우리나라와 일본에서 대표적인 바다낚시 물고기이다. 감성돔은 연중 낚이긴 하지만, 7~8월은 내만에서 산란을 마치고 체력회복을 위해 바다로 나가 휴식을 취하기 때문에 조황이 좋지 않다. 그러나 계절에 관계없이 장소에 따라서는 대어가 잡혀 올라와, 갯바위 낚시인들의 잡어 떼에 대한 짜증을 한 순간에 날려 버리기도 한다.

감성돔 월척 사진(사진제공 『월간낚시』) ◐
군산 연안에서 족대로 잡힌 어린 감성돔들 ◐

감성돔의 새끼들이 자라는 군산 연안의 넓은 조간대. 이곳의 조간대 웅덩이는 어린 감성돔이 자라는 좋은 성육장이지만 대규모 매립공사로 이들의 서식환경이 위협받고 있다.

도미과 *Pagrus major* (Temminck and Schlegel)

참돔(도미과)

영명 genuine porgy
일명 마다이(マダイ)

낚시철 사계절
낚시터 방파제, 갯바위, 배낚시
포획금지 20cm 이하
요 리 회·매운탕·구이·찜

분포
국내 전 연안
국외 일본, 남중국해, 대만

특징 몸의 형태는 감성돔과 비슷한 난원형이다. 몸색깔은 등쪽은 적갈색 배쪽은 은백색이며, 눈 위와 등쪽에 금속성 광택이 나는 코발트색 점들이 흩어져 있다. 꼬리지느러미의 뒤쪽 가장자리가 검은색을 띤다.

생태 수심이 비교적 깊은 30~100미터의 암초지역, 모래바닥에 주로 살면서 새우, 게, 오징어, 작은 물고기를 먹는다. 18~24도 전후의 수온을 가장 좋아하며, 13도 이하의 온도에서는 먹이를 먹지 않는다. 산란기는 4~5월이며 일반적으로 몸길이는 30~70센티미터이지만 큰 것은 1미터 가까이 자란다. 얕은 곳과 깊은 곳을 계절에 따라 이동하는 것으로 알려져 있다.

도미과

참돔(사진제공 『월간낚시』)

참고 모양이나 크기, 낚싯줄을 당기는 힘, 맛에 있어서 "바다낚시 물고기의 왕자"라 할 수 있다. 여름의 갯바위에서는 밤에, 봄가을에는 아침·저녁의 물이 들고날 때 노려볼 만하다. 미끼는 참갯지렁이, 오징어, 오징어 내장, 낙지, 새우 등을 쓴다. 회로 먹어도 일품이고, 소금(양념)구이, 회를 떠낸 후 뼈의 매운탕, 껍질에 식초를 친 요리 등 어떻게 먹어도 좋은 최상급의 물고기로, 40~50센티미터의 것이 가장 맛이 좋다.

참돔과 붉돔의 구분

· 참돔 / · 붉돔 / 제3, 4 기조가 길다 / 가장자리가 검다

참돔의 꼬리지느러미 가장자리는 검은색을 띠고 제1등지느러미 가시가 그리 길지 않은 반면, 붉돔은 꼬리지느러미 가장자리가 검은색을 띠지 않고 등지느러미의 3번째와 4번째 가시가 다른 가시보다 훨씬 길어서 두 종이 구분된다(그림 참조).

붉돔(도미과)

영명 threadfin porgy
일명 지다이(チダイ)

낚시철 여름~가을
낚시터 배낚시
요 리 회·매운탕·구이·찜

분포
국내 전 연안
국외 일본, 남중국해

특징 몸과 머리는 좌우로 납작하고, 몸높이가 약간 높은 난원형이다. 전체적인 몸색깔이나 금속성 광택이 나는 코발트색 점 등은 참돔과 비슷하다. 그러나 등지느러미의 3, 4번째 가시가 바로 앞의 가시보다 매우 길고, 꼬리지느러미 뒤쪽 가장자리가 검지 않다. 또 참돔과 달리 아가미 뚜껑 가장자리가 선명한 홍색이다.

생태 연안의 약간 깊은 곳에 산다. 산란기는 9~11월로, 4~5월이 산란기인 참돔과 차이가 있다. 몸길이도 30~40센티미터로 참돔에 비해 작은 편이지만, 맛은 참돔과 비슷하다.

Dentex tumifrons (Temminck and Schlegel) 도미과 175

황돔(도미과)

영명 golden tail
일명 기다이(キダイ)

낚시철 여름~가을
낚시터 배낚시
포획금지 15cm 이하
요 리 회·매운탕·구이·찜

분포
국내 남해안(제주도 포함)
국외 일본 남부
      남중국해, 대만

특징 몸과 머리가 좌우로 납작하고 몸높이가 약간 높은 난원형으로, 모양은 참돔이나 붉돔과 비슷하지만, 몸색깔이 이 두 종과는 다르다. 황돔은 몸과 주둥이 부분이 노란색을 띠고, 등쪽에도 3개의 큰 노란색 얼룩무늬가 있다. 또 참돔이나 붉돔의 등쪽에 나타나는 코발트색 점도 없다.

생태 연안에 살며 새우, 게, 작은 물고기, 오징어류를 먹는다. 산란기는 초여름과 가을 두 번이고, 큰 것의 몸길이는 35센티미터에 달한다.

황돔의 이빨

갈돔과 *Lethrinus nebulosus* (Forsskål)

갈돔(갈돔과)

영명 blue emperor
일명 하마후에후키
　　　(ハマフエフキ)

낚시철 여름
낚시터 갯바위
요 리 회·매운탕·구이·찜

분포
국내 남해안(제주도 포함)
국외 일본 남부, 대만
　　 (서태평양·인도양)

줄갈돔(*Lethrinus nematacanthus*)은 갈돔과 비슷하지만 등지느러미 가시 길이가 길어서 갈돔과 구분된다.

특징 몸의 가슴지느러미 부근이 약간 높은 긴 타원형이다. 등지느러미의 극조부와 연조부는 이어져 있으며, 주둥이는 약간 뾰족하다. 몸색깔은 연한 청록색이며 지느러미들이 황색을 띤다. 입 주변에 청록색 줄무늬가 2~3개 있다.

생태 연안의 암초지역에 무리를 지어 헤엄쳐 다니는데, 밤에 많이 움직이므로 밤낚시에 적합하다. 전형적인 육식성 물고기로 게, 패류 등을 즐겨 먹는다. 큰 것은 몸길이가 1미터에 달하고 낚싯줄을 당기는 힘이 강하며, 고기는 회는 물론 어떤 요리를 해도 맛이 있다.

Nemipterus virgatus (Houttuyn) 실꼬리돔과 177

실꼬리돔(실꼬리돔과)

영명 golden thread
일명 이토요리다이
　　　(イトヨリダイ)

낚시철 겨울~이듬해 봄
낚시터 배낚시
요 리 구이·찌개·튀김

분포
국내 남해안(제주도 포함)
국외 일본 남부
　　　남중국해, 대만

특징 몸과 머리는 좌우로 약간 납작하며, 몸이 긴 방추형이다. 꼬리지느러미는 끝이 깊게 파였고 위쪽 끝이 실처럼 길게 뻗어 있어 "실꼬리돔"이라는 이름이 붙여졌다. 몸색깔이 아주 아름다운 물고기로, 붉은색을 띤 바탕에 6개의 노란색 세로줄무늬가 있다. 등지느러미는 옅은 주홍색인데 끝은 짙은 노란색이다. 뒷지느러미의 기저부에도 노란색 줄무늬가 있고, 끝이 노란색이다. 가슴지느러미와 꼬리지느러미는 붉은색을 띤다.

생태 따뜻한 바다의 수심 40~100미터 깊이의 펄바닥에 주로 살며, 육식성으로 갯지렁이, 조개류, 새우 등의 저서동물을 먹는다. 몸길이는 보통 30~40센티미터이고 큰 것은 50센티미터에 달한다. 겨울에서 이듬해 봄까지 맛이 참돔에 견줄 만큼 좋다고 말하는 사람도 있다.

민어과 *Argyrosomus argentatus* (Houttuyn)

보구치(민어과)

영명 white croaker
일명 시로구치(シロダチ)
방언 백조기 · 흰조기

낚시철 봄~가을(여름~초가을)
낚시터 방파제, 섬 주변, 배낚시
요 리 소금구이 · 회
　　　　매운탕 · 튀김

분포
국내 남해, 서해, 동해 남부
국외 일본, 인도 · 태평양

특징 몸과 머리는 좌우로 납작하고 긴 타원형이며 주둥이는 끝이 둔한 둥근 모양이다. 몸의 등쪽은 황갈색이고 배쪽은 은백색이며, 아가미 뚜껑에 검은점이 있다.

생태 따뜻한 바다의 모래와 펄바닥에 산다. 수온이 높을 때는 연안 가까이까지 왔다가 수온이 낮은 겨울부터 봄 사이에는 수심 100미터 정도의 깊은 곳으로 들어간다. 산란기는 5~8월이며 주로 밤에 활동하고 약간 흐린 물을 좋아한다. 보통은 몸길이가 30센티미터 내외이지만 드물게 40센티미터에 달하는 것도 있다.

Johnius grypotus (Richardson) **민어과** 179

민태

참고 보구치는 우리가 잘 알고 있는 참조기와 함께 민어과에 속한다. 우리나라 연근해의 민어과 물고기는 모두 12종이 있는데, 이 가운데 보구치와 수조기가 바다낚시 물고기로 인기가 높다. 또한 보구치는 서해안에서 산란을 위해 큰 무리를 지어 다니기 때문에 섬 주변 낚시나 배낚시로 잘 낚인다. 낚싯밥으로 갯지렁이류를 사용하며, 처음 낚싯대를 드리우는 초보자라도 쉽게 잡을 수 있다. 흔히 민태를 보구치의 새끼로 생각하지만 민태는 보구치보다 작은 종류로, 아가미 뚜껑에 검은점이 없으며 아래턱이 위턱보다 짧다.

보구치와 민태의 구분

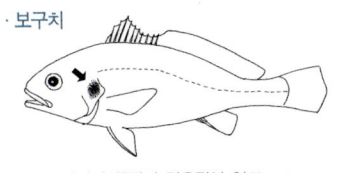

· 보구치
아가미 뚜껑에 검은점이 있고
위아래 턱의 길이가 거의 같다

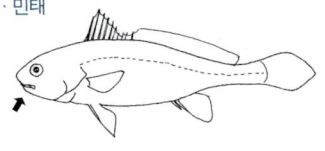

· 민태
아가미 뚜껑에 검은점이 없고
아래턱이 위턱보다 짧다

Nibea albiflora (Richardson)

수조기 (민어과)

영명 yellow drum
일명 고이치 (コイチ)

낚시철 봄~가을
낚시터 방파제, 섬 주변, 배낚시
요 리 소금구이 · 회
　　　 매운탕 · 튀김

분포
국내 서해, 남해 연안
국외 일본 남부~동중국해

특징 몸과 머리는 좌우로 납작한 편에 긴 방추형이다. 몸색깔은 황적색을 띤 은색이며, 몸 옆면에 검은색 줄무늬들이 사선을 이루고 있다. 가슴지느러미, 배지느러미, 뒷지느러미는 등황색이고, 등지느러미는 연한 노란색에 가장자리가 검은색이다.

생태 펄이나 모래로 된 바다의 바닥에 살며, 산란기는 4~7월이다. 보구치에 비해 따뜻한 바다를 좋아하는데, 보구치와 마찬가지로 잘 발달한 부레를 진동시켜 우는 습성이 있다. 보통 큰 것은 몸길이가 30~40센티미터 정도이지만, 운이 좋으면 50센티미터의 대어를 낚을 수도 있다. 보통 보구치와 함께 잡힌다.

Pseudupeneus spilurus (Bleeker) 촉수과 181

두줄촉수(촉수과)

영명 Japanese goat fish
일명 오키나히메지
　　　(オキナヒメジ)

낚시철 사계절
낚시터 갯바위, 배낚시
요 리 구이 · 매운탕

분포
국내 남해안(제주도 포함)
국외 일본 남부

특징 입가에 긴 수염이 2개 있고, 모래무지와 비슷해 보이지만 모래무지보다 크다. 몸색깔은 붉은색이며 연한 갈색의 세로줄무늬가 2개 있고, 꼬리자루에 말 안장 모양의 검은색 얼룩무늬가 있다.

생태 얕은 바다의 암초지역에 5~10마리씩 무리를 지어 다니며, 몸길이는 30~35센티미터가 일반적이다. 긴 수염은 모래 속에서 먹이를 찾거나 모래를 파낼 때 쓴다. 수염의 중심부에 연골(물렁뼈)이 있고 그 주위에 신경다발이 통하고 있다. 수염 표면에 맛을 느끼는 감각기관인 "미뢰"가 있으며, 수염이 잘리면 살지 못한다.

황줄깜정이과 *Girella mezina* Jordan and Starks

양뼁에돔 (황줄깜정이과)

영명 yellow striped blackfish
일명 오키나메지나
　　（オキナメジナ）

낚시철 사계절
낚시터 갯바위, 배낚시
요 리 회·매운탕·구이

분포
국내 제주도 연안
국외 남부, 동중국해, 대만

특징 몸과 머리는 좌우로 납작하고 몸높이가 높은 난원형이다. 어릴 때는 몸 가운데 담황색 가로줄무늬가 하나 있다가 자라면서 없어진다. 윗입술이 크고 비늘이 거칠며 아가미 뚜껑에 비늘이 있다.

생태 벵에돔류 가운데 가장 따뜻한 곳을 좋아한다. 연안의 바위지역에 살며, 단독으로 생활하는 경우가 많다. 수가 많지 않기 때문에 이 양뼁에돔만을 전문적으로 노리는 낚시인은 드물다. 큰 것은 몸길이가 50센티미터에 달한다. 우리나라의 벵에돔속 물고기는 양뼁에돔을 포함해 벵에돔과 긴꼬리벵에돔 등 3종이 있다. 양뼁에돔은 입술이 두껍고 이마가 약간 나와 있어서 다른 두 종과 구분된다.

Girella melanichthys (Richardson) 황줄깜정이과

긴꼬리벵에돔(황줄깜정이과)

영명 smallscale blackfish
일명 구로메지나
　　　(クロメジナ)

낚시철 사계절
낚시터 갯바위, 배낚시
요 리 회·매운탕·구이

분포
국내 남해안(제주도 포함)
국외 일본, 대만, 동중국해

특징 몸과 머리가 좌우로 납작하고 몸높이가 높은 난원형으로 벵에돔과 모양이 비슷하다. 그러나 아가미 뚜껑 가장자리가 검고 꼬리지느러미 뒤쪽 가장자리가 약간 파여서 벵에돔과는 차이가 있다. 색깔도 벵에돔과 비슷하지만, 비늘에 검은 반점이 없어서 벵에돔보다 약간 흰색을 띤다.

생태 연안의 암초 사이에 살며, 산란기는 11~12월이다. 사는 곳은 벵에돔에 비해서 약간 남쪽으로 치우치고 먼 바다까지 나간다. 어릴 때는 큰 무리를 지어 다니기도 하지만, 어미가 되면 단독으로 혹은 몇 마리씩만 무리를 지어 움직인다. 같은 종류의 벵에돔이나 양벵에돔보다 낚기가 힘든데, 순간적으로 낚싯줄을 당길 타이밍을 놓치면 살짝 빠져 나가고, 또 운 좋게 걸려도 낚싯바늘을 삼켜 버려 줄을 감는 도중에 날카로운 이빨로 줄을 끊고 달아나기 때문에 이를 낚는 데는 기술이 필요하다. 몸길이는 20~40센티미터이지만, 큰 것은 70센티미터에 달한다.

벵에돔 (황줄감정이과) *Girella punctata* Gray

영명 largescale blackfish
일명 메지나(メジナ)
방언 깜정이

낚시철 사계절
낚시터 갯바위, 배낚시
요 리 회·매운탕·구이

분포
국내 남해안(제주도 포함), 울릉도
국외 일본, 대만, 동중국해

특징 "바다의 흑기사"로 불릴 만큼 까만 색에 잘생겼다. 몸과 머리는 좌우로 몹시 납작하고 몸높이가 비교적 높은 난원형이다. 몸색깔은 전체적으로 암녹색, 흑청색을 띠며 배쪽은 약간 밝은 색이다. 꼬리지느러미 가장자리가 거의 직선이고, 비늘이 거칠며 각 비늘의 기저에 검은 반점이 있다. 이빨은 부드러운 빗살 모양으로 되어 있다.

생태 연안의 암초 사이에 살며, 산란기는 2~6월이다. 수온의 변화에 따라 체내의 소화효소가 달라져서, 여름에서 가을철에는 새우나 게 등의 작은 갑각류를 먹고, 겨울에서 봄에는 김 등의 해조류를 주로 먹는다. 몸길이는 20~30센티미터이며 큰 것은 60센티미터에 달한다. 낚시에 걸렸을 때 당기는 힘이 강하고 낚아 올리는 데 어느 정도 기술이 필요해 낚시의 묘미를 더해 준다. 미끼는 새우나 갯지렁이, 크릴새우를 사용한다. 고기의 맛도 좋아서 제주도를 중심으로 인기 있는 낚시대상 물고기이다.

황줄깜정이과 185

> **참고** 벵에돔과 비슷한 종으로는 긴꼬리벵에돔이 있다. 긴꼬리벵에돔은 아가미 뚜껑의 가장자리와 가슴지느러미 시작 부분이 검은색이고, 꼬리지느러미 뒤의 가장자리가 약간 파여 양쪽 끝이 뾰족하다(이것 때문에 꼬리가 길게 보인다)(그림 참조).

벵에돔과 긴꼬리벵에돔의 구분

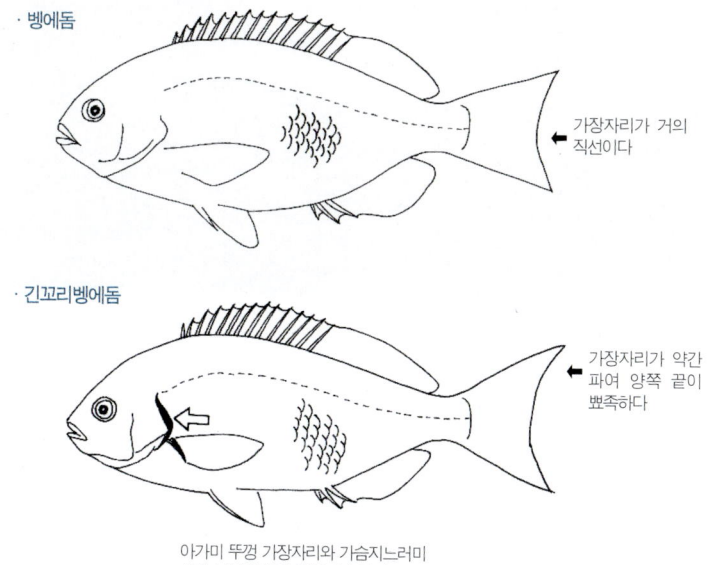

· 벵에돔 — 가장자리가 거의 직선이다

· 긴꼬리벵에돔 — 가장자리가 약간 파여 양쪽 끝이 뾰족하다

아가미 뚜껑 가장자리와 가슴지느러미 시작 부분에 검은 줄무늬가 있다

범돔 (황줄깜정이과)

Microcanthus strigatus (Cuvier)

(강원도 강릉)

영명 stripey
일명 가고카키다이
　　　(カゴカキダイ)

낚시철 봄~가을
낚시터 배낚시
요 리 회·구이·찜

분포
국내 동해 남부, 울릉도
　　　남해안(제주도 포함)
국외 일본, 대만
　　　하와이, 호주

특징 검정과 노랑의 뚜렷한 줄무늬가 아름다워 관상어로 인기가 높다. 몸과 머리는 좌우로 아주 납작하고, 몸높이가 매우 높아 거의 마름모형에 가깝다. 머리에서 몸으로 이어지는 부분이 오목하게 들어가 있어 머리 앞부분은 높이가 낮다. 양턱의 이빨은 가늘고 길다. 몸색깔은 노란색 바탕에 7개의 검은 세로줄무늬가 있다.

생태 파도가 잔잔한 연안의 암초지역에서 단독으로 혹은 작은 떼를 지어 민첩하게 헤엄쳐 다니며 갯지렁이, 작은 조개류와 새우류를 뾰족한 입으로 쪼듯이 찍어 먹는다. 해변에서 다른 물고기를 잡을 때 가끔 섞여 나오는데 맛은 좀 있지만 많이 잡히지 않는다. 몸길이는 20센티미터 정도이다.

범돔(제주도 모슬포)

Terapon jarbua (Forsskål) **살벤자리과**

살벤자리(살벤자리과)

영명 threestriped tigerfish
일명 고토히키(コトヒキ)

낚시철 봄~가을
낚시터 방파제, 갯바위, 배낚시
요 리 매운탕 · 구이

분포
국내 남해 연안
국외 일본 남부~서태평양

특징 몸과 머리는 좌우로 납작하고, 몸높이가 비교적 높은 긴 타원형이다. 아가미 뚜껑의 가장자리에 2개의 긴 가시가 있어서 손으로 잡을 때 조심해야 한다. 몸에 활처럼 휘어진 검은색의 굵은 세로줄무늬가 3개 있다.

생태 수심이 낮은 연안이나 하구의 바닥 가까운 곳에 작은 무리를 지어 살며, 어린 새끼는 하천을 거슬러 올라오기도 한다. 주로 동물성 플랑크톤을 먹는다. 일반적으로 낚시에 걸리는 것은 몸길이가 15~30센티미터의 것이지만, 큰 것은 40센티미터를 넘는다.

살벤자리과 *Rhyncopelates oxyrhynchus* (Temminck and Schlegel)

줄벤자리(살벤자리과)

영명 sharpnose tigerfish
일명 시마이사키
　　　(シマイサキ)

낚시철 봄~가을
낚시터 방파제, 갯바위, 배낚시
요 리 매운탕·구이

분포
국내 남해 연안
국외 일본 남부~필리핀

특징 몸과 머리는 좌우로 납작하고, 몸높이가 약간 높은 긴 타원형이다. 주둥이가 뾰족하고 위아래 턱의 길이는 거의 같다. 아가미 뚜껑의 가장자리에 톱니 모양의 돌기가 있다. 몸색깔은 은백색 바탕에 4개의 검은 세로줄무늬가 있다.

생태 연안이나 하구에 많고 담수에서도 산다. 작은 갑각류나 갯지렁이류 등을 먹으며 다른 물고기의 비늘도 먹는다. 몸길이는 20~30센티미터 정도인데 낚시에 걸려 올라오면 부레를 진동시켜 "쿠우쿠우" 소리를 내기도 한다.

Oplegnathus fasciatus (Temminck and Schlegel) 돌돔과

돌돔(돌돔과)

영명 striped beakperch
일명 이시다이(イシダイ)
방언 갓돔 · 물톳 · 아홉동가리

낚시철 봄~가을(남해안: 겨울까지)
낚시터 갯바위
포획금지 15cm 이하
요 리 회 · 소금(양념)구이 · 찜

분포
국내 전 연안
국외 일본

특징 돌돔은 파도가 밀려오는 바닷가의 터줏대감으로 여름철 바다 낚시인들에게 가장 매력적인 물고기이다. 몸과 머리는 좌우로 납작하고, 몸높이가 높으며 몸길이가 짧은 난원형이다. 몸색깔은 검은색과 흰색의 가로줄무늬가 뚜렷하고, 노성어(40센티미터 이상)는 줄무늬가 없어져 회흑색으로 변한다.

생태 따뜻한 연안의 암초지역에 살며 산란기는 6~7월이다. 몸길이 3센티미터 이하의 어린 새끼는 해조류에 붙어 작은 갑각류를 먹으면서 자라다가, 10센티미터 정도가 되면 흰색과 검은색 줄무늬가 뚜렷해지면서 사는 장소도 바위 주변으로 옮긴다. 어미는 작은 고둥류, 조개류, 집게류, 극피동물 등을 튼튼한 이빨로 깨물어 먹는다. 따뜻한 물을 좋아해서 봄에서 가을에는 물가로 나오고 수온이 내려가는 겨울에는 깊은 곳으로 들어간다. 큰 것은 몸길이가 60~70센티미터 정도 된다. 가을철에 맛이 좋은데, 50센티미터 이상의 아주 큰 것은 맛이 떨어진다.

돌돔과

> **참고** 돌돔은 수온이 20도를 넘게 되는 6~7월 무렵이면 산란기를 맞아 바닷가의 갯바위 부근까지 접근한다. 왕성한 식욕으로 갯바위 가까이까지 바짝 다가오는 시기라 장비만 있으면 어렵지 않게 낚을 수 있다. 미끼는 갯지렁이와 쏙(갯가재), 딱딱한 성게와 집게를 쏜다.

돌돔(경북 영덕)

돌돔의 이빨(사진제공 『월간낚시』)

Oplegnathus punctatus (Temminck and Schlegel) 돌돔과 191

강담돔(돌돔과)

영명 spotted parrot fish
일명 이시가키다이
　　　(イシガキダイ)

낚시철 봄~가을
낚시터 갯바위
요　리 회·소금(양념)구이·찜

분포
국내 남해·동해안
국외 일본 남부
　　 동·남중국해

특징 몸은 좌우로 납작하고 몸높이가 높은 난원형으로 돌돔과 비슷하게 생겼다. 몸은 약간 밝은 색과 검은색이 그물 모양으로 얽혀 있어 마치 표범을 연상케 한다. 돌돔은 노성어가 되면 입주변이 검게 되는 데 반해 강담돔은 흰색으로 변한다.

생태 강담돔은 돌돔과 같은 속에 속하며 모양과 생태가 서로 비슷하다. 어린 새끼 때는 돌돔과 같이 수초에 붙어 자라다가 어미가 되면 보통 돌돔과 같은 장소에서 낚인다. 큰 것은 몸길이가 60센티미터를 넘는다. 강담돔은 돌돔보다는 좀더 따뜻한 곳을 좋아해서 사는 곳도 약간 남쪽으로 치우친다. 외딴 섬의 바위 기슭에 좋은 강담돔 낚시터가 많다. 강담돔은 돌돔보다 민첩하게 미끼를 잘 빼가지만 낚시에 걸리면 당기는 힘이 돌돔보다 센 느낌을 준다. 회, 구이, 찜 등 어떻게 해서 먹어도 좋고, 맛에 있어서 돌돔을 앞선다는 사람들도 있다.

다동가리과 *Goniistius zonatus* (Cuvier)

아홉동가리(다동가리과)

영명 whitespot-tail morwong
일명 다카노하다이
　　　(タカノハダイ)

낚시철 사계절
낚시터 방파제, 갯바위
요 리 찌개

분포
국내 동해 남부, 서해
　　　남해안(제주도 포함)
국외 일본, 동중국해, 대만

특징 몸과 머리는 좌우로 납작하고, 몸의 앞부분은 몸높이가 높지만 뒤쪽은 낮다. 머리의 앞쪽은 경사가 급하고 등 뒤로는 완만하다. 입은 작지만 두꺼운 입술이 특징이다. 몸색깔은 회청색으로 머리에서 꼬리지느러미 앞까지 9개의 흑갈색 줄무늬가 비스듬히 놓여 있다. 지느러미는 노란색이고, 꼬리지느러미에는 흰색 반점들이 흩어져 있다.

생태 가까운 바다의 암초가 많은 곳에 살며, 게, 새우 등의 작은 갑각류, 패류, 해조류를 먹는다. 산란기는 10~12월로 알려져 있고, 몸길이는 일반적으로 30~40센티미터 정도이다. 15~30미터 깊이의 암초지역에 살지만 먹이를 쫓아 얕은 곳으로 올라오기도 한다. 아름다운 모습에 비해 비린내가 심하고 맛은 없는 편이다.

Goniistius quadricornis Günther 다동가리과

여덟동가리

참고 아홉동가리와 비슷한 종으로는 여덟동가리가 있다. 이 둘은 몸의 줄무늬 수로 구분하는데, 아홉동가리는 몸의 줄무늬가 9개이고 여덟동가리는 8개이다.

어류(분류)학자들이 물고기를 분류하는 데 주로 사용하는 특징

물고기의 종이나 속으로부터 목, 강에 이르기까지 물고기를 분류하는 데 사용되는 특징은 매우 다양하다. 먼저 경골어강과 연골어강으로 나뉘고, 그 다음 목이나 과, 속을 구분할 때는 일반적으로 골격의 특징이 많이 이용된다. 종은 옆줄비늘 수, 지느러미 기조 수 등 전반적인 외부형태의 차이로 구분된다. 그 외에 몸의 색깔, 서식환경, 산란기, 알의 수 등이 종을 구분하는 형질로 사용된다. 예로부터 종의 정의에 대해 많은 학설이 있었지만 현재 일반적으로 종을 구분하는 기준은 "생식적 격리"이다. 서로 교배하여 자손을 지속적으로 남길 수 있으면 같은 종이고, 자손을 남길 수 없는 경우는 서로 다른 종으로 정의한다.

망상어 (망상어과)

영명 temminck's surfperch
일명 우미타나고(ウミタナゴ)
방언 맹이 · 바다망성어

낚시철 사계절
낚시터 방파제
요 리 회 · 구이 · 조림(찌개)

분포
국내 동해 · 남해안
국외 일본 연안

특징 몸과 머리는 좌우로 아주 납작하고, 몸높이가 높은 난원형이다. 등지느러미는 극조부와 연조부로 나뉘어 있고, 극조부는 연조부보다 훨씬 짧다. 몸색깔은 황갈색 바탕에 등쪽은 짙고 배쪽은 엷은 색이지만 붉은색이 나거나 은백색을 띠는 등, 사는 장소에 따라 색깔의 변화가 크다. 아가미의 눈 아래에 2개의 검은점이 있다.

생태 얕은 바다의 해초가 우거진 암초지역에 무리를 지어 살며, 작은 동물을 주로 먹는다. 물고기로서는 흔히 볼 수 없는 난태생으로, 10월 무렵 짝짓기를 마친 후 암컷의 수란관에서 수정된 알이 체내에서 부화되어 모체의 소화관과 피부를 통해 영양이 공급된다. 그리고 이듬해 4~6월경 약 13마리 정도의 새끼를 낳는다. 흔히 볼 수 있는 망상어는 몸길이가 약 15센티미터 정도지만 30센티미터를 넘는 것도 있다. 바다낚시를 막 시작하는 사람들에게 좋은 물고기로, 방파제나 바위가 많은 해변에서 간단

Neoditrema ransonneti Steindachner 망상어과

인상어

한 장비만으로도 낚아 올릴 수 있다. 고기가 부드럽고 수분이 많아 조림이나 찌개로 먹는 것이 좋다.

참고 망상어와 비슷한 종으로는 인상어가 있는데, 이 둘은 등지느러미 가시의 수와 꼬리지느러미의 끝 모양으로 구분한다(그림 참조). 망상어는 등지느러미 가시 수가 9~11개인 반면 인상어는 6~7개이고, 인상어의 꼬리지느러미는 제비꼬리처럼 뾰족하지만 망상어는 끝이 무디다. 또 망상어는 인상어에 비해 몸높이가 높다.

망상어와 인상어의 구분

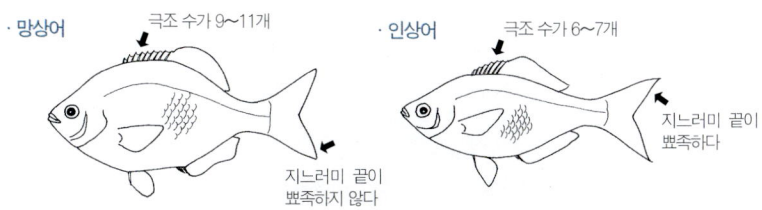

자리돔(자리돔과)

영명 coral fish demoiselles
일명 스즈메다이(スズメダイ)
방언 자리 · 생이리

낚시철 봄~가을
낚시터 방파제
요 리 회 · 튀김 · 찌개 · 젓갈

분포
국내 울릉도, 남해안(제주도 포함)
국외 일본 남부, 남중국해

특징 몸과 머리는 좌우로 매우 납작하고, 몸높이가 높은 타원형이다. 턱을 제외한 몸 전체에 큰 비늘이 있고 눈도 크다. 몸색깔은 흑갈색으로 가슴지느러미 시작 부분에 진한 청색 반점이 있다. 물 속에 있을 때는 등지느러미 끝의 꼬리자루 등쪽에 눈알 크기의 흰색 반점이 있으나, 물 밖으로 나오면 없어진다.

생태 얕은 바다의 암초지역에 큰 무리를 지어 활발하게 헤엄쳐 다니며 각종 플랑크톤을 먹는다. 어미의 몸길이가 20센티미터를 넘지 않으며, 감성돔 · 돌돔 낚시에서 미끼를 도둑질하거나 원치 않게 걸려 나와 낚시인들을 성가시게 한다. 보통 먹지 않지만, 제주도에서는 물회, 찌개, 튀김, 젓갈 등 토속 음식의 재료로 이용한다.

Choerodon azurio (Jordan and Snyder) 놀래기과

호박돔(놀래기과)

영명 scarbreast tuskfish
일명 이라(イラ)

낚시철 사계절
낚시터 방파제, 갯바위, 배낚시
요 리 찌개

분포
국내 제주도 연안
　　　(최근 울릉도, 독도)
국외 일본 남부, 중국, 대만

특징 몸과 머리는 좌우로 납작한 편이고, 몸 앞부분의 몸높이가 높아서 입까지 경사가 심하다. 어미가 되면 수컷은 앞이마가 튀어나오는데 몸길이가 30센티미터를 넘으면 이마가 더욱 커진다. 몸색깔은 황적색 바탕에 등지느러미에서 가슴지느러미에 걸쳐 폭이 넓은 어두운 줄무늬가 비스듬히 나타나고 등지느러미, 뒷지느러미, 꼬리지느러미의 가장자리에는 파란색 선이 선명하게 나타난다. 몸에 코발트색 점들이 흩어져 있다.

생태 따뜻한 바다의 암초지역에 살며, 산란기는 6~7월로 알려져 있다. 낚싯줄을 강하게 당기면서 끌려 나올 때의 아름다운 모습이 낚시인들에게 즐거움을 주지만, 모습에 비해 맛은 좋은 편이 아니다.

놀래기과 *Halichoeres tenuispinnis* (Günther)

놀래기(놀래기과)

영명 motlyestripe rainbowfish
일명 혼베라(ホンベラ)

낚시철 봄~가을
낚시터 방파제, 갯바위
요 리 회·매운탕·구이

분포
국내 남해안(제주도 포함)
국외 일본 온대 해역~동중국해

특징 몸과 머리는 좌우로 납작하고 길다. 등지느러미는 기저가 길고, 극조부와 연조부가 일자로 연결되어 있다. 몸색깔은 황적색이나 청록색을 띠며, 수컷은 환경에 따라 색깔이 변한다. 가슴지느러미 위쪽에는 2개의 황적색 세로줄무늬가 있고, 머리에는 눈을 중심으로 위아래에 청록색 줄무늬가 지난다. 등지느러미의 1~3번째 가시에 검은색 무늬가 있다.

생태 온대성 물고기로 연안의 해조류가 많은 암초지역에 살며, 작은 갑각류를 먹는다. 어미의 몸길이는 18센티미터 정도이다.

놀래기(제주도 모슬포)

Halichoeres poecilopterus (Temmonck and Schlegel) 놀래기과

(울릉도 남면)

용치놀래기 (놀래기과)

영명 multicolorfin rainbowfish
일명 규센(キュウセン)
방언 고생이 · 수멩이

낚시철 봄~가을
낚시터 방파제, 갯바위, 배낚시
요 리 구이 · 매운탕

분포
국내 동해 · 남해안
국외 일본, 동중국해

특징 몸이 길고 몸높이가 낮으며, 몸과 머리는 좌우로 납작하다. 주둥이는 뾰족하고 위아래 턱의 길이는 같다. 입은 작지만 송곳니가 있으며, 등지느러미와 뒷지느러미의 기저부가 길다. 수컷의 몸색깔은 녹색 바탕에 몸 가운데 약간 짙은 세로줄무늬가 있는 반면, 암컷은 연한 황색을 띠며 주둥이에서 꼬리지느러미 앞까지 뚜렷한 흑갈색 세로줄무늬가 있고 이 줄무늬 위아래로 붉은색 점들이 늘어서 있다.

생태 연안의 암초가 많은 모래지역에서 조개류와 작은 갑각류를 먹는다. 해가 지고 주위가 어두워지면 모래 속에 들어가 잠을 자고 아침이 되면 모래에서 빠져나와 먹이를 찾는다. 따라서 밤에 낚시에 걸리는 일은 거의 없다. 몸길이는 15~30센티미터에 맛이 있는 고기는 아니며, 미끼도둑으로 취급받기도 한다.

놀래기과

용치놀래기(경북 영해)

용치놀래기(수컷(위)·암컷(아래))

Pseudolabrus japonicus (Houttuyn) 놀래기과

암컷(위) · 수컷(아래)

황놀래기 (놀래기과)

영명 bambooleaf wrasse
일명 사사노하베라
(ササノハベラ)

낚시철 봄~가을
낚시터 방파제, 갯바위, 배낚시
요 리 구이 · 조림(찌개)

분포
국내 중남부 이남
국외 일본

특징 몸과 머리는 좌우로 납작한 편이며 몸높이가 낮고 몸이 길다. 주둥이 끝은 뾰족하고 입이 작으며 아래턱이 위턱보다 길다. 몸색깔은 수컷은 푸른색을 띠고 암컷은 적색을 띠는데, 암컷의 머리 부분에는 폭이 좁은 몇 줄의 검은 줄무늬가 있다.

생태 연안의 해초가 많은 암초지역에 살며, 새우나 게 등의 작은 갑각류, 갯지렁이류를 먹는다. 밤에는 바위틈이나 수초 사이에서 휴식을 취하고 낮에 활동한다. 겨울철에는 모래에 묻혀 동면하는 것으로 알려져 있다. 놀래기과 물고기 가운데서는 비교적 맛이 좋은 편이라 조림 등으로 먹는다. 몸길이는 대개 15~25센티미터이다.

황놀래기(제주도 모슬포, 오른쪽 사진)

어렝놀래기 수컷

어렝놀래기 (놀래기과)

영명 cocktail wrasse
일명 오하구로베라(オハグロベラ)
방언 어렝이

낚시철 사계절
낚시터 방파제, 갯바위, 배낚시
요 리 찌개

분포
국내 동해 남부(울릉도 포함)
　　　남해안(제주도 포함)
국외 일본 남부, 인도·태평양

특징 몸과 머리는 좌우로 납작한 편이며 몸높이가 높고 몸길이는 짧은 타원형이다. 꼬리지느러미는 부채 모양이다. 수컷의 등지느러미는 앞쪽의 기조 2개가 실처럼 길게 뻗어 있다. 수컷의 몸색깔은 짙은 보라색을 띤 갈색이며, 아가미 뚜껑에는 벌레가 지나간 듯한 자국의 줄무늬가 있다. 암컷은 황색을 띤 붉은색이며, 가슴과 배의 각 비늘에 작은 녹색 얼룩무늬가 있다.

생태 연안의 해초가 많은 암초지역에 살며, 낮에 활동하고 밤에는 바위틈이나 해초 사이에서 휴식을 취하므로 거의 잡히지 않는다. 몸길이는 15~20센티미터 정도이다. 이따금씩 걸려 나와 낚시인들의 무료함을 달래 줄 뿐, 맛이 있는 물고기는 아니다.

놀래기과

어렝놀래기 암컷

어렝놀래기(제주도 모슬포)

(울릉도 도동항)

흑돔 (놀래기과)

영명 bulgyhead wrasse
일명 고부다이(コブダイ)
방언 엥이 · 보레

낚시철 사계절
낚시터 방파제, 갯바위, 배낚시
요 리 회 · 매운탕

분포

국내 동해, 남해안(제주도 포함)
국외 일본, 남중국해

특징 몸과 머리는 좌우로 납작한 편이며 긴 타원형이다. 머리가 크고 어미가 되면 수컷은 이마가 혹처럼 튀어나오기 때문에 흑돔이라는 이름이 붙었다. 어미는 전체적으로 선홍색을 띠지만, 20센티미터 미만의 어린 흑돔에서는 몸 중앙에 흰색 세로줄무늬가 선명하게 나타난다. 어미와 새끼의 모양과 색깔이 아주 달라서 일반인들은 서로 다른 종류로 생각할 정도이다.

생태 연안의 암초지역에 살며, 튼튼한 턱과 이빨을 가진 육식성으로 새우나 게를 먹는다. 인기 있는 바다낚시 물고기에 속하며 여름철에 맛이 있다.

놀래기과 205

어린 혹돔

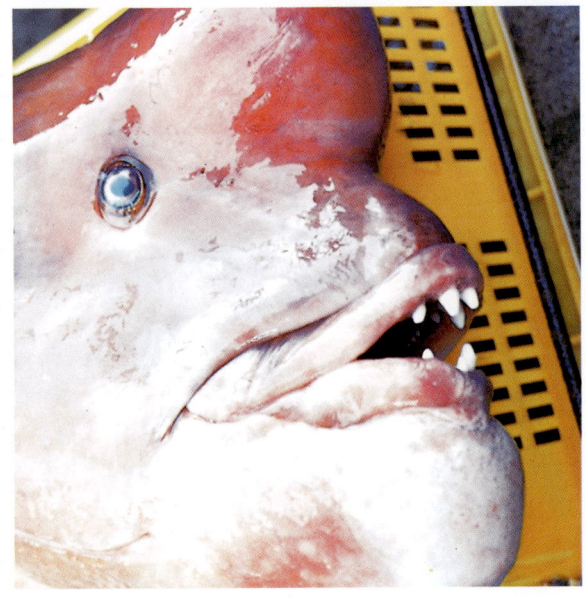

혹돔의 이빨. 혹돔은 육식성 물고기로 강한 이빨을 가지고 있다.

놀래기과 *Xyrichtys niger* (Steindachner)

국명신청 (우리나라 도감에서 처음 소개됨)

민옥두놀래기 (놀래기과)

영명 razorfish
일명 구로텐스(クロテンス)

낚시철 사계절
낚시터 배낚시
요 리 조림·찌개

분포
국내 제주도 서귀포 연안
국외 일본~필리핀
   하와이, 홍해

특징 놀래기의 한 무리로, 몸 앞부분의 몸높이가 높고 양턱의 바깥쪽에 2개의 강한 송곳니가 있다. 등지느러미 1, 2번째 가시가 안테나 모양으로 길게 뻗어 있고, 3번째 가시는 막으로 이어져 있다. 몸색깔은 자홍색 바탕에 폭이 넓은 갈색의 가로줄무늬가 있고, 등지느러미와 뒷지느러미의 기저부에는 청색의 아름다운 줄무늬가 있다.

생태 약간 깊은 모래바닥에 살며 작은 갑각류, 갯지렁이류를 먹는다. 단독으로 움직이고 밤에는 모래 속에서 휴식을 취한다. 어미의 몸길이는 20~30센티미터이다. 따뜻한 바다의 배낚시에서 다른 물고기를 낚을 때 원치 않게 올라오는 경우가 있다. 맛있는 고기는 아니지만 조림으로 먹기도 한다.

놀래기과 207

참고 지금까지 우리나라에 놀래기과의 옥두놀래기속 물고기는 옥두놀래기(*Xyrichtys dea*) 한 종만이 있었다. 그러나 1999년 최윤 교수가 옥두놀래기와 모양이 약간 다른 종을 제주도 서귀포에서 채집하여 국명을 "민옥두놀래기"라 하고 본 도감에 처음 소개하였다. 옥두놀래기와 민옥두놀래기는 거의 모든 형태가 비슷하지만 등에 있는 검은점의 유무에 의해 구분된다(그림 참조). 민옥두놀래기와 달리 옥두놀래기는 등지느러미의 6번째와 7번째 가시 아래에 청흑색의 점이 있다.

민옥두놀래기와 옥두놀래기의 구분

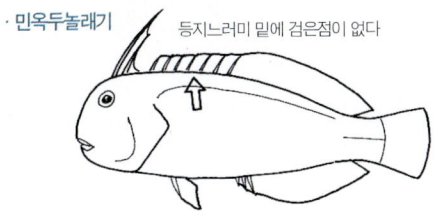

· 민옥두놀래기 — 등지느러미 밑에 검은점이 없다

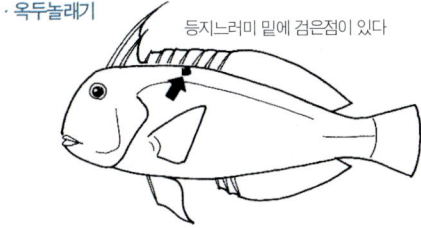

· 옥두놀래기 — 등지느러미 밑에 검은점이 있다

등가시치과 *Zoarces gilli* (Jordan and Starks)

등가시치(등가시치과)

영명 blotched eelpout
일명 고라이가지
　　　(コウライガジ)

낚시철 봄~가을
낚시터 배낚시
요 리 조림·찌개

분포
국내 서해, 남해
국외 일본, 중국

특징 몸이 길며 앞부분은 원통형에 가깝고 뒷부분은 좌우로 납작하다. 눈은 위쪽으로 치우쳐 있고 양눈 사이가 넓다. 주둥이는 짧고 입은 아래쪽으로 열려 있다. 등지느러미와 뒷지느러미는 꼬리지느러미와 연결되어 있고, 꼬리지느러미 뒤 끝은 뾰족하다. 몸의 등쪽은 어두운 갈색이고 배쪽은 밝은 색이며, 몸 중앙에는 12개의 불분명한 무늬가 있다. 등지느러미 앞부분에 큰 검은색 반점이 있다.

생태 연안의 암초지역이나 모래펄 바닥에서 산다. 어미의 몸길이는 50센티미터에 달한다.

Pholis nebulosa (Temminck and Schlegel)

베도라치 (황줄베도라치과)

영명 tidepool gunnel
일명 긴포(ギンポ)
방언 뽀드락지

낚시철 사계절
낚시터 방파제, 갯바위
요 리 튀김

분포
국내 전 연안
국외 일본, 중국

특징 뱀장어처럼 길지만 원통형은 아니며 몸과 머리가 좌우로 납작한 긴 칼과 같은 모양이다. 머리가 매우 작고 등지느러미와 뒷지느러미는 꼬리지느러미와 연결된다. 몸색깔은 담갈색 바탕에 암갈색의 복잡한 얼룩무늬가 있다.

생태 바닷가 조간대의 암초지역 웅덩이나 바위틈에 살며 작은 새우류를 먹는다. 어미의 몸길이는 20센티미터 정도이다. 모양은 보잘것없지만 암컷이 산란한 알덩어리를 수컷이 껴안고 부화할 때까지 보호하는 부성애가 남다른 물고기이다. 고기 맛도 좋아 일본에서는 고급 튀김거리로 이용한다.

베도라치와 함께 바위지역 낚시에 자주 걸려 나오는 청베도라치과의 저울베도라치 (*Entomacroaus stellifer lighti*).

쌍동가리 (양동미리과)

Parapercis sexfasciata (Temminck and Schlegel)

영명 saddled weever
일명 구라카케토라기스
(クラカケトラギス)

낚시철 사계절
낚시터 배낚시
요 리 튀김

국내 남해안(제주도 포함)
국외 일본~대만

특징 몸은 긴 원통형이며, 뒤쪽은 약간 좌우로 납작하다. 몸색깔은 연한 회청색을 띤 적색에 5~6개의 어두운 가로줄무늬가 있다. 가슴지느러미 기저에서 뺨까지 같은 빛깔의 줄무늬가 있다. 수컷은 바탕색이 진한 반면 줄무늬는 뚜렷하지 않다.

생태 암초가 많은 연안의 바위틈이나 모래바닥에 살며 육식성이다. 겨울에는 깊은 곳으로 이동하는데 어미의 몸길이는 20센티미터 정도이다.

Parapercis multifasciata (Döderlein)

열쌍동가리

참고 쌍동가리와 비슷한 종으로는 열쌍동가리가 있다. 쌍동가리는 열쌍동가리에 비해 몸의 줄무늬가 굵고 수도 적어 차이가 나는데, 눈 아래와 가슴지느러미 기부에 있는 암색 무늬의 유무로 쉽게 구분할 수 있다(그림 참조). 쌍동가리는 눈 아래와 가슴지느러미에 어두운 색의 무늬가 있지만, 열쌍동가리는 이러한 무늬가 없다. 열쌍동가리는 색깔이 매우 아름다워 제주도(모슬포)에서 "이쁜이고기"라 불린다.

쌍동가리와 열쌍동가리의 구분

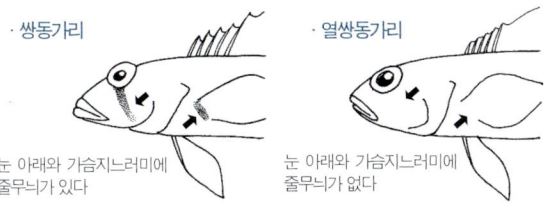

· 쌍동가리
눈 아래와 가슴지느러미에 줄무늬가 있다

· 열쌍동가리
눈 아래와 가슴지느러미에 줄무늬가 없다

돛양태과 *Repomucenus richardsonii* (Bleeker)

동갈양태(돛양태과)

영명 Richardson dragonet
일명 네스미고치
　　　(ネスミゴチ)

낚시철 사계절
낚시터 모래사장, 방파제, 배낚시
요 리 튀김·매운탕

분포
국내 동해 남부, 남해 연안
국외 일본 남부~남중국해

특징 비늘이 없고 몸의 앞부분은 위아래로 납작하며 뒤로 갈수록 좌우로 납작해진다. 양쪽 뺨에 한 개씩 끝이 날카로운 단단한 가시를 가지고 있다. 몸색깔은 다갈색 바탕에 짙은 갈색 반점이 흩어져 있다. 수컷의 등지느러미 가장자리에는 뚜렷한 검은색 무늬가 있다.

생태 연안의 얕은 모래바닥에 살고, 바다 밑을 미끄러지듯 천천히 헤엄쳐 다닌다. 육식성으로 갯지렁이, 새우류 등의 저서동물을 먹는다. 낚시터에 따라서는 보리멸 낚시에 걸려 나오는 경우가 많은데 큰 것은 몸길이가 25센티미터에 달한다. 동갈양태는 돛양태과에 속하는 물고기로 우리나라에는 참돛양태, 꽃돛양태 등 15종이 있다. 동갈양태 등 몇 종을 제외하고는 몸길이가 10센티미터 미만이라 그물이나 낚시에 걸리면 대개 바다에 버려진다. 동갈양태는 어미의 몸길이가 20센티미터 이상이며 튀김이나 기타 요리로 맛있게 먹을 수 있다.

돛양태과 213

참돛양태

꽃돛양태

강주걱양태

다섯동갈망둑 (망둑어과)

Pterogobius zacalles Jordan and Snyder

영명 beauty goby
일명 류구하제
　　　(リュウグハゼ)

낚시철 여름~가을
낚시터 모래사장, 방파제, 배낚시
요 리 먹지 않음

분포
국내 서해·남해안
국외 일본

특징 몸은 좌우로 납작한 편이며 꼬리지느러미 끝은 둥글다. 몸색깔은 흰색 바탕에 검은색 가로줄무늬가 5개 있다.

생태 연안의 바닥이나 바위지역의 웅덩이, 둑 근처의 약간 깊은 암초지역에 산다. 큰 것의 몸길이는 약 15센티미터이다.

일곱동갈망둑(*Pterogobius elapoides*)

다섯동갈망둑(전북 어청도)

참고 다섯동갈망둑은 1990년 강언종 박사가 한국 미기록종으로 보고하였다. 모래사장이나 배낚시(전북 어청도)에서 가끔 걸려 나오는데, 몸색깔이 아름답지만 식용 가치는 없어서 수조에서 관상용으로 기른다. 이와 비슷한 망둑어과 물고기로는 일곱동갈망둑이 있는데, 몸 옆에 있는 검은 가로줄무늬가 7개이기 때문에 다섯동갈망둑과 쉽게 구분된다.

망둑어과 *Cryptocentrus filifer* (Cuvier and Valenciennes)

실망둑 (망둑어과)

영명 gafftopsail goby
일명 이토히키하제
　　　(イトヒキハゼ)

낚시철 여름~가을
낚시터 모래사장, 방파제, 베낚시
요 리 먹지 않음

분포
국내 서해, 남해
　　 동해 남부 연안
국외 일본, 인도양

특징 눈은 머리의 앞쪽에 달려 있고, 눈 앞부분은 경사가 심하다. 잡으면 큰 입으로 손가락을 물 정도로 입이 크고, 제1등지느러미 앞쪽의 연조가 실처럼 길게 뻗어 있다. 몸색깔은 회청색 바탕에 갈색의 두꺼운 가로줄무늬가 있고, 살아 있을 때 머리 부분에는 진주색의 작은 반점들이 흩어져 있다.

생태 연안의 얕은 바다에 살며 몸길이가 15센티미터에 달하는 것도 있으나 대부분 10센티미터 전후이다. 색깔이나 모양이 아름답지만 맛이 없고 작아서 먹지 않는다. 모래사장이나 바닷가 낚시에서 원치 않게 올라오는 물고기로 수조에 넣어 관상용으로 기르면 좋다.

Siganus fuscescens (Houttuyn) **독가시치과**

독가시치(독가시치과)

영명 dusky spinefoot
일명 아이고(アイゴ)

낚시철 사계절
낚시터 방파제, 갯바위
요 리 구이 · 찜

분포
국내 남해안(제주도 포함)
　　울릉도 · 강릉 이북(최근)
국외 일본 남부

특징 몸과 머리는 좌우로 매우 납작하고, 몸높이가 약간 높은 난원형이다. 몸색깔은 황갈색 바탕에 얼룩얼룩한 무늬가 있는데 주변 환경에 따라 색깔의 변화가 심하다.

생태 열대성의 물고기로 무리를 지어 연안의 얕은 암초지역에 살면서 새우, 작은 조개류 등을 먹는다. 산란기는 7~8월로 알려져 있다. 큰 것의 몸길이는 40센티미터에 달한다. 독가시치는 몸의 크기에 비해 낚싯줄을 강하게 당겨 낚시인들을 즐겁게 한다. 그러나 등지느러미, 뒷지느러미, 배지느러미의 날카로운 가시에 독이 있어 찔리면 몹시 아프다. 고기가 죽었어도 가시의 독은 남아 있으므로 요리할 때는 가위나 칼로 가시를 잘라 내는 것이 좋다.

양쥐돔과 *Prionurus scalprum* Valenciennes

쥐돔(양쥐돔과)

영명 saw tail
일명 니자다이(ニザダイ)

낚시철 봄~가을
낚시터 방파제, 갯바위
요 리 회·찜

분포
국내 남해·제주도 연안
국외 일본, 호주

특징 몸은 가자미처럼 좌우로 아주 납작하고 타원형이다. 주둥이는 뾰족하며 입은 아주 작다. 몸색깔은 연한 회흑색인데 꼬리자루에 끝이 날카로운 방패 모양의 돌기와 함께 3~5개의 검은 점이 있다.

생태 먼 바다의 암초지역 해초 사이에 떼를 지어 살고, 주로 해조류를 먹지만 잡식성으로 새우류나 조개류 등의 낚싯밥을 물기도 한다. 뱅에돔 등의 바다낚시에 가끔 잡혀 올라오는데, 회로 먹는 맛이 가장 좋으며 회를 뜰 때는 껍질을 먼저 벗긴다. 다른 물고기에 비해 육질에 기름이 풍부하다. 큰 것의 몸길이는 60센티미터에 달한다.

Sphyraena pinguis Günther 꼬치고기과 219

꼬치고기(꼬치고기과)

영명 red barracuda
일명 アカカマス
　　　(アカカマス)

낚시철 봄~가을
낚시터 방파제, 갯바위, 배낚시
요 리 구이 · 찌개

분포
국내 남해 · 제주도 연안
국외 일본 남부~남중국해

특징 원통형의 뾰족한 방추형에 몸이 길다. 머리는 크고 주둥이가 길며 아래턱이 위턱보다 앞으로 나와 있다. 등지느러미는 2개이다. 살아 있을 때 몸의 등쪽은 약간 붉은색을 띤 황갈색이고 배쪽은 은백색이다. 등지느러미와 꼬리지느러미는 연한 노란색을 띤다.

생태 연안이나 약간 먼 바다의 수면 가까운 곳과 중층을 무리를 지어 다니면서 멸치류 등의 작은 물고기를 통째로 삼킨다. 산란기는 6~7월로 알려져 있고, 어미의 몸길이는 보통 30~40센티미터이지만 큰 것은 50센티미터에 달한다.

고등어과 *Scomber japonicus* Houttuyn

고등어 (고등어과)

영명 chub mackerel
일명 마사바(マサバ)

낚시철 사계절
낚시터 방파제, 배낚시
요 리 회·조림·찌개·건조구이

분포

국내 전 연안
국외 아열대·온대 해역

특징 몸과 머리는 좌우로 납작한 편이며, 몸높이가 낮고 긴 전형적인 방추형이다. 등지느러미와 뒷지느러미 뒤의 꼬리자루에 5개의 토막지느러미가 있다. 등쪽은 청색에 검은 줄무늬가 있고, 배쪽은 은백색이다.

생태 연안과 대륙붕의 수면 가까운 곳에 살며 청어류, 전갱이 새끼나 오징어, 동물성 플랑크톤을 먹는다. 몸길이는 대개 30~40센티미터 정도이며, 큰 것은 50센티미터에 달한다. 기름이 오른 겨울철의 고등어가 맛이 있고, 해변이나 방파제에 밀려오는 어린 고등어는 배를 갈라 말려 통째로 구워 먹으면 별미이다.

Scomber australasicus Cuvier **고등어과**

망치고등어

참고 고등어와 비슷한 종으로는 망치고등어가 있다. 고등어는 배가 은백색인 데 비해 망치고등어는 참깨를 뿌린 듯한 검은 얼룩무늬가 있다.

고등어와 망치고등어의 구분

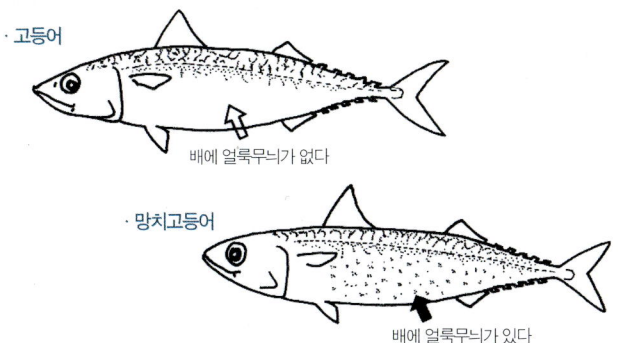

· 고등어
배에 얼룩무늬가 없다

· 망치고등어
배에 얼룩무늬가 있다

고등어과 *Sarda orientalis* (Temminck and Schlegel)

줄삼치 (고등어과)

영명 striped bonito
일명 하가쓰오(ハガツオ)

낚시철 여름~가을
낚시터 배낚시
요 리 회·구이·조림·찌개

분포
국내 남해안(제주도 포함)
국외 인도·태평양의 열대·온대

특징 몸은 좌우로 약간 납작한 편이지만 단면이 난원형에 가깝고, 고등어와 마찬가지로 전형적인 방추형이다. 등지느러미는 2개이며 등지느러미 뒤에 7~8개의 토막지느러미가 있다. 꼬리지느러미는 깊게 파여 있다. 몸의 등쪽은 남청색 바탕에 6개의 암청색 세로줄무늬가 있고 배쪽은 은백색이다. 등지느러미의 극조부 앞쪽 끝에는 검은 반점이 있다. 위아래 턱에 날카로운 송곳니가 듬성듬성 나 있다.

생태 가을철에 제주도를 중심으로 줄삼치 낚시를 즐길 수 있다. 대륙붕과 연안의 수면 가까이에 살며 고등어, 새우, 오징어 등을 먹는다. 어미의 몸길이는 1미터에 달하는데 살이 연해서 회나 소금구이, 양념구이, 튀김은 물론 매운탕으로도 먹는다.

Scomberomorus niphonius (Cuvier) **고등어과** 223

삼치 (고등어과)

영명 spotted mackerel
일명 사와라(サワラ)
방언 망어

낚시철 가을~이듬해 봄
낚시터 배낚시
요 리 회·구이·찌개

분포
국내 남해 연안
국외 일본, 중국(아열대 해역)

특징 몸통의 단면은 난원형이며, 고등어보다 몸높이가 낮고 긴 방추형이다. 등지느러미와 뒷지느러미 뒤쪽 꼬리자루에 9개의 토막지느러미가 있다. 큰 입의 양턱에는 안쪽으로 굽은 강하고 날카로운 이빨이 열 지어 있다. 몸에 회색 반점이 7~8줄 세로로 이어져 있고 배쪽은 은백색이다.

생태 연안과 대륙붕의 수면 가까이에 살며 청어류, 까나리 등을 주로 먹는다. 4~5월 무렵 내만으로 몰려와 산란을 하며, 산란에 적합한 수온은 10~20도로 알려져 있다. 부레는 없으나 수직으로 움직일 수 있고 어린 새끼도 턱에 이빨이 발달되어 있다. 큰 것의 몸길이는 1미터에 달한다.

눈다랑어 (고등어과)

영명 big eye, big eye tuna
일명 메바치(メバチ)

낚시철 여름~가을
낚시터 배낚시(먼 바다)
요 리 회·구이·찌개

분포
국내 제주도 연해
국외 세계의 온대·열대 해역

특징 몸은 방추형이며 다랑어 가운데 몸높이가 가장 높다. 등지느러미와 뒷지느러미 뒤에 토막지느러미가 있으며, 꼬리자루가 아주 가늘고 꼬리지느러미는 깊게 파였다. 영명과 일명, 국명이 모두 눈이 큰 데서 유래되었을 만큼 큰 눈이 특징이다. 몸의 등쪽은 흑청색이고 배쪽은 흰색이다.

생태 외양성 물고기로 20~120미터 깊이에서 살며, 밤에는 수면 가까이까지 올라온다. 갑각류와 물고기를 먹고 어미의 몸길이는 2미터에 달한다.

참고 다랑어류는 고등어과에 속하는 참다랑어속의 물고기로 우리나라에는 눈다랑어 외에도 날개다랑어, 황다랑어, 참다랑어, 백다랑어 등 모두 5종이 있다. 제주도 연해 혹은 더 먼 바다에서 배낚시로 잡는 물고기라 우리나라에서는 전문 낚시인이 많지 않으나, 관심 있는 독자를 위하여 다랑어류 5종의 분류 방법을 소개한다.

▶ 참다랑어속 물고기의 분류

1a 꼬리지느러미는 어두운 색이지만, 뒤쪽 가장자리는 흰색이다. 가슴지느러미가 제2등지느러미를 지나 토막지느러미까지 이른다······ 날개다랑어

1b 꼬리지느러미 전체가 어두운 색이다. 가슴지느러미는 제2등지느러미 뒤 끝을 넘어가지 않는다······2

    2a 가슴지느러미가 짧아서 그 끝이 제1등지느러미 중간에 이른다······ 참다랑어

    2b 가슴지느러미의 끝이 제2등지느러미까지 이른다······3

        3a 배에 흰색 반점들이 흩어져 있다······ 백다랑어

        3b 배에 흰색 반점이 없다······4

            4a 제2등지느러미와 뒷지느러미가 제1등지느러미 높이보다 훨씬 높다······ 황다랑어

            4b 제2등지느러미와 뒷지느러미가 제1등지느러미 높이보다 낮다······눈다랑어

226 고등어과

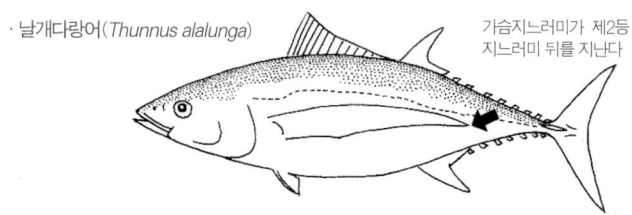

· 날개다랑어(*Thunnus alalunga*)

가슴지느러미가 제2등지느러미 뒤를 지난다

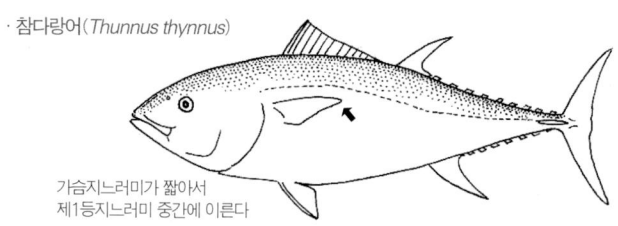

· 참다랑어(*Thunnus thynnus*)

가슴지느러미가 짧아서 제1등지느러미 중간에 이른다

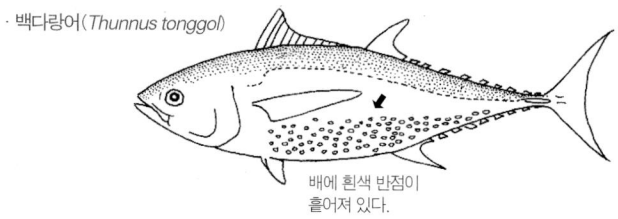

· 백다랑어(*Thunnus tonggol*)

배에 흰색 반점이 흩어져 있다.

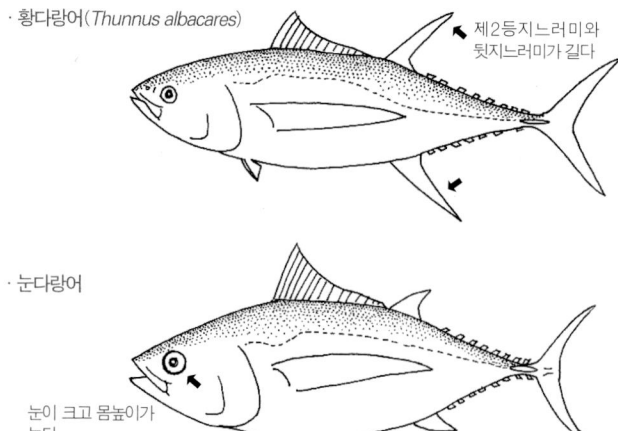

· 황다랑어(*Thunnus albacares*)

제2등지느러미와 뒷지느러미가 길다

· 눈다랑어

눈이 크고 몸높이가 높다

Hyperoglyphe japonica (Döderlein) 샛돔과

연어병치(샛돔과)

영명 Japanese butterfish
일명 메다이(メダイ)
방언 독도돔(울릉도)

낚시철 사계절
낚시터 배낚시(깊은 바다)
요 리 회·구이·조림·찌개

분포
국내 제주도 연해
국외 태평양의 온대 해역

특징 몸은 좌우로 납작한 편이며, 몸높이가 약간 높은 긴 타원형이다. 주둥이 끝이 둥글고, 꼬리지느러미는 깊게 파여 있다. 몸색깔은 회청색 바탕에 청색의 줄무늬가 희미하게 나타나고 등지느러미, 뒷지느러미, 꼬리지느러미는 검은색이다. 어미는 몸과 꼬리지느러미에 황적색 기운이 감돈다.

생태 주로 수심 100~500미터 깊이의 암초지역 주변 바다 부근에 살며 육식성으로 작은 새우나 오징어류를 먹는다. 어미의 몸길이는 30~60센티미터가 보통이지만 큰 것은 90센티미터에 달한다. 깊은 바다의 낚시대상 물고기로, 낚싯줄을 당기는 힘이 강해 낚시인들을 매료시킨다. 최근에는 울릉도 부근에서 많이 잡히는데, 특히 독도 부근에서 주로 잡혀 울릉도 주민들은 "독도돔"이라고 부른다. 고기는 맛이 있어서 어떤 요리를 해 먹어도 좋다.

넙치과   *Paralichthys olivaceus* (Temminck and Schlegel)

넙치(넙치과)

영명 bastard halibut
일명 히라메(ヒラメ)
방언 광어

낚시철 여름~가을
낚시터 모래사장, 방파제, 배낚시
요 리 회·매운탕·구이·튀김

분포
국내 전 연안
국외 쿠릴열도~남중국해

특징 몸과 머리는 좌우로 아주 납작하고 긴 타원형이다. 두 눈이 모두 몸의 왼쪽에 있다. 등지느러미와 뒷지느러미는 꼬리지느러미와 연결되어 있다. 몸색깔은 눈이 있는 쪽은 짙은 황갈색, 눈이 없는 쪽은 흰색이다.

생태 수심 50~200미터의 연안과 대륙붕의 모래와 뻘로 된 바닥에 살며, 산란기인 2~6월에는 수심 20~40미터의 조류 흐름이 좋은 곳으로 몰려든다. 낮에는 바다에 몸을 묻고 눈만 내놓고 있다가 주로 밤에 작은 물고기, 두족류, 조개류, 갑각류 등을 먹는다. 몸길이는 대개 30~80센티미터인데 큰 것은 1미터에 달한다. 배낚시가 아닌 해변에서 루어낚시로 넙치를 노릴 때는 넙치가 얕은 곳으로 모이는 초여름이나 가을이 좋다.

Pseudorhombus pentophthalmus Günther **넙치과** 229

점넙치(넙치과)

영명 fivespot flounder
일명 다마간조비라메
(タマガンゾビラメ)

낚시철 사계절
낚시터 배낚시
요 리 구이

분포
국내 전 연해
국외 일본, 중국, 대만, 자바

특징 몸은 긴 타원형에 좌우로 아주 납작하고, 두 눈은 몸의 왼쪽에 있다. 몸색깔은 눈이 있는 쪽은 암갈색 바탕에 눈처럼 동그란 뚜렷한 점무늬가 옆줄 위에 3개, 옆줄 아래에 2개 있다. 눈이 없는 쪽은 흰색이다.

생태 깊이 30미터 이상의 모래펄 바닥에서 작은 동물들을 먹고 산다. 깊은 곳에 낚싯대를 넣었을 때 가끔 잡혀 나오는데, 어미의 몸길이가 20센티미터 정도로 작고 살도 적어서 이용가치는 별로 없다. 두 눈이 몸의 한쪽에 몰려 있는 물고기는 일반적으로 "넙치류"와 "가자미류"이다. 이들을 구분하는 방법은 소수의 예외가 있지만 고기와 마주보았을 때 왼쪽에 눈이 있으면 넙치류이고, 오른쪽에 있으면 가자미류이다.

넙치과 *Pseudorhombus cinnamoneus* (Temminck and Schlegel)

별넙치

참고 점넙치와 비슷한 종으로는 별넙치가 있다. 점넙치는 뚜렷한 원형의 무늬가 5개가 있지만, 별넙치는 가슴지느러미 바로 뒤에 단 1개의 뚜렷한 둥근 반점이 있다.

만약 우리나라의 표준어가 없는 새로운 물고기를 잡았다면?

낚시 도중 잡은 물고기가 본 책자나 기타 우리나라 도감에 나오지 않는 물고기라면 그것을 냉동하거나 알코올에 담아 어류전문학자에게 동정을 의뢰하는 것이 좋다. 만약 이것이 우리나라에서 처음 잡힌 종으로 확인되면 한국어류학회 또는 동물분류학회 등에 보고됨과 동시에 우리나라 표준어가 붙게 된다. 확률이 극히 적지만 이것은 세계에서 최초로 잡힌 물고기일 수도 있다. 이런 경우에는 국내 또는 세계의 국제학술지에 보고되고 새로운 학명이 붙게 된다. 외국에서는 아마추어 학자나 낚시인들이 처음 발견하여 그 사람의 이름이 기념으로 붙여진 물고기 이름들이 많이 있다. 우리나라의 물고기에도 많은 한국사람의 이름이 기념으로 붙여지기를 바란다.

Eopsetta grigorjewi (Herzenstein) **가자미과** 231

물가자미 (가자미과)

영명 roundnose flounder
일명 무시가레이(ムシガレイ)
방언 벌레가자미

낚시철 겨울~이듬해 봄
낚시터 배낚시
요 리 건조구이

분포
국내 전 연해
국외 일본~대만

특징 몸은 납작한 긴 타원형이며 눈은 몸의 오른쪽에 있다. 몸색깔은 연한 암갈색 바탕에 6개의 뚜렷한 둥근 반점이 옆줄 위 아래로 각각 3개씩 있다. 몸색깔만 보면 점넙치와 비슷하지만, 점넙치는 눈이 왼쪽에 있기 때문에 쉽게 구분된다.

생태 수심 200미터의 약간 깊은 모래펄 바닥에 산다. 큰 입으로 바닥에 사는 갑각류, 두족류, 새우류, 조개류, 작은 물고기 등을 먹는다. 산란기인 겨울철에는 내만으로 올라오지만, 주로 연안의 바깥쪽에 사는 물고기라 거의 배낚시로 잡힌다. 어미의 몸길이는 보통 20~40센티미터이고 큰 것은 50센티미터에 달한다. 맛이 좋으며 주로 말려서 반찬으로 먹는다.

가자미과 *Kareius bicoloratus* (Basilewsky)

돌가자미 (가자미과)

영명 stone flounder
일명 이시가레이
　　　(イシガレイ)

낚시철 봄~초겨울
낚시터 모래사장, 방파제, 배낚시
요 리 회 · 매운탕
　　　양념구이 · 찜

분포

국내 전 연해
국외 일본, 사할린
　　　중국, 대만 북부

특징 몸과 머리는 좌우로 매우 납작하며 긴 난원형이다. 두 눈은 몸의 오른쪽에 있는데, 눈이 있는 쪽에 보통 2~3줄의 돌 모양으로 된 단단한 돌기들이 있어서 다른 가자미와 쉽게 구분된다. 몸 전체가 짙은 갈색이고 지느러미는 연한 색을 띤다.

생태 내만의 얕은 모래진흙 바닥에서 작은 조개류, 게 등의 저서동물을 먹고 산다. 산란기는 가을에서 겨울까지인데 우리나라 서해안의 경우 1~2월에 주로 산란이 이루어진다. 큰 것은 몸길이가 50센티미터에 달한다.

Limanda punctatissimus (Steindachner) 가자미과 233

층거리가자미 (가자미과)

영명 sand flounder, longsnout founder
일명 스나가레이(スナガレイ)

낚시철 봄~가을
낚시터 방파제, 배낚시
요 리 회 · 양념구이
       찜 · 매운탕

분포
국내 동해안
국외 일본, 사할린
     오호츠크해

특징 몸과 머리는 좌우로 납작하며 타원형이다. 눈은 몸의 오른쪽에 있으며, 주둥이 끝이 뾰족하게 위를 향한다. 몸색깔은 눈이 있는 부분은 갈색이고 눈이 없는 쪽은 흰색이다. 눈이 없는 쪽의 등지느러미와 뒷지느러미의 기부를 따라 뚜렷한 황색 선이 나타난다.

생태 바다의 모래와 펄로 이루어진 바닥의 수심 약 100미터 정도 깊이에서 살며 갯지렁이, 작은 조개류를 주로 먹는다. 몸길이는 보통 30센티미터까지 자란다.

층거리가자미의 눈이 없는 쪽

가자미과 *Limanda schrenki* (Schmidt)

점가자미(가자미과)

영명 cresthead founder
일명 구로가시라가레이
　　　(クロガシラガレイ)

낚시철 봄~가을
낚시터 방파제
요 리 회·양념구이
　　　 찜·매운탕

분포
국내 동해안
국외 일본, 사할린

특징 몸과 머리는 좌우로 납작하며 타원형이다. 눈은 몸의 오른쪽에 있고, 윗눈의 뒤쪽에 골질의 돌기물이 있다. 몸색깔은 암갈색인데, 눈이 없는 쪽의 등지느러미에 10~11개, 뒷지느러미에 7개의 선명한 검은색 줄무늬가 있다. 꼬리지느러미에도 불규칙한 검은색 줄무늬가 있다.

생태 수심 50~100미터의 모래와 펄로 이루어진 곳의 바닥에 살며 작은 조개류와 게 등을 주로 먹는다. 때때로 강의 기수역에도 올라온다. 몸길이는 약 50센티미터에 이른다.

점가자미의 눈이 없는 쪽

Limanda yokohamae (Günther) **가자미과** 235

문치가자미 (가자미과)

영명 marbled sole
일명 마코가레이
　　　(マコガレイ)

낚시철 겨울~이듬해 봄
낚시터 방파제, 배낚시
요 리 회 · 매운탕
　　　 양념구이 · 찜

분포
국내 전 연안
국외 일본, 동중국해 북부

특징 몸과 머리는 좌우로 아주 납작하며 타원형이다. 눈은 몸의 오른쪽에 있고, 두 눈 사이에 비늘이 있다. 몸색깔은 눈이 있는 쪽은 짙은 갈색이고, 옆줄을 따라서 약간 검은색 부분이 있다. 지느러미는 무늬가 없이 투명하지만 약간 어두운 무늬가 나타나기도 한다.

생태 진흙이 약간 섞인 바닥을 좋아하며 갯지렁이, 새우, 작은 조개류를 주로 먹는다. 몸길이는 보통 25센티미터 전후의 것이 많지만, 큰 것은 45센티미터에 달한다. 우리나라에서는 서해와 남해안에서 많이 잡히는 가장 일반적인 낚시대상 가자미로, 매우 맛이 좋다. 겨울에서 이듬해 봄에 걸쳐 내만이나 방파제 부근에서 잘 잡힌다. 배낚시를 할 때는 바닥을 추로 툭툭 치면서 유인한다.

가자미과 *Limanda herzensteini* Jordan and Snyder

참가자미 (가자미과)

영명 brown sole
일명 마가레이(マガレイ)

낚시철 봄~가을
낚시터 방파제, 배낚시
요 리 회 · 매운탕
      양념구이 · 찜

분포

국내 동해 · 남해안
국외 일본 서해안, 사할린, 동중국해 중부

특징 몸과 머리는 좌우로 아주 납작하며 타원형이다. 약간 튀어나온 두 눈이 몸의 오른쪽에 있고 눈 사이에 비늘이 없다. 등에 약간 검은 반점들이 있고, 눈이 없는 쪽의 등지느러미와 배지느러미 뒤쪽에 폭이 넓은 노란 줄무늬가 1개씩 있다.

생태 보통 수심 100미터 정도의 모래가 섞인 진흙바다에 살다가 산란을 위해 얕은 곳으로 올라온다. 먹이는 갯지렁이, 새우, 작은 조개류를 먹는다. 큰 것은 몸길이가 50센티미터에 달하여 문치가자미보다 더 크고 비늘도 약간 거칠다. 주로 방파제낚시나 배낚시로 잡힌다.

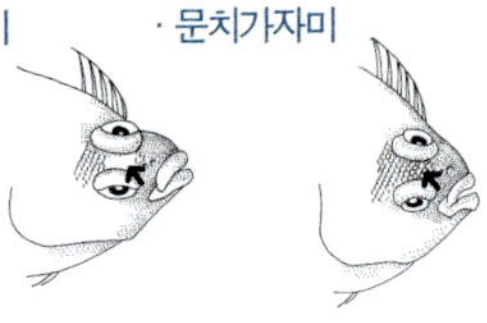

· 참가자미   · 문치가자미

문치가자미는 양눈 사이에 작은 비늘이 있고 참가자미는 비늘이 없다 (그림 참조).

Pleuronichthys cornutus (Temminck and Schlegel)

도다리(가자미과)

영명 finespotted flounder
일명 메이타가레이
　　　(メイタガレイ)

낚시철 봄~가을
낚시터 배낚시
요 리 회·매운탕
　　　양념구이·찜

분포
국내 전 연안
국외 일본, 중국

특징 몸과 머리는 좌우로 아주 납작하며 마름모 모양에 가깝다. 양눈은 많이 튀어나와 있다. 몸색깔은 눈이 있는 쪽은 갈색 바탕에 작은 반점들이 몸과 지느러미에 흩어져 있다. 눈이 없는 쪽은 흰색이며 꼬리지느러미의 뒤쪽 가장자리는 검은색이다.

생태 연안의 약간 깊은 모래펄 바닥에 살다가 산란기인 겨울 무렵에 얕은 곳으로 이동한다. 주로 먹는 먹이는 갯지렁이, 조개류, 새우 등의 작은 동물이다. 몸길이는 대개 20센티미터 전후이고 큰 것도 30센티미터 미만이지만, 살이 많고 맛도 아주 좋다. 그러나 껍질에서 독특한 냄새가 나기 때문에 껍질을 벗겨 내고 요리하는 것이 좋다.

가자미과 *Verasper variegatus* (Temminck and Schlegel)

범가자미(가자미과)

영명 spotted halibut
일명 호시가레이(ホシガレイ)
방언 별납생이

낚시철 봄~가을
낚시터 방파제, 배낚시
요 리 회·매운탕
　　　 양념구이·찜

분포
국내 전 연안
국외 일본, 중국

특징 몸과 머리는 좌우로 아주 납작하고 타원형이다. 눈은 몸의 오른쪽에 있으며 꼬리지느러미 뒤 가장자리는 둥글다. 몸색깔은 눈이 있는 쪽은 짙은 황갈색, 눈이 없는 쪽은 흰색이다. 등지느러미와 뒷지느러미에 뚜렷한 검은 반점들이 있다.

생태 연안의 약간 깊은 모래펄 바닥에 살며 갑각류 등의 작은 동물을 먹는다. 산란기는 1~2월로 알려져 있다. 다른 가자미류에 비해 잡히는 양이 많지 않다. 어미의 몸길이는 약 50센티미터에 달한다.

가자미과 239

참고 범가자미와 비슷한 종으로는 노랑가자미(*Verasper moseri*)가 있다. 범가자미와 노랑가자미의 다른 점은 등지느러미와 뒷지느러미에 나타나는 검은색 얼룩무늬의 형태이다(그림 참조). 범가자미는 둥근 얼룩무늬가 지느러미 안에 있지만, 노랑가자미는 막대 모양의 검은색 얼룩무늬가 지느러미 끝까지 길게 이어진다.

범가자미와 노랑가자미의 구분

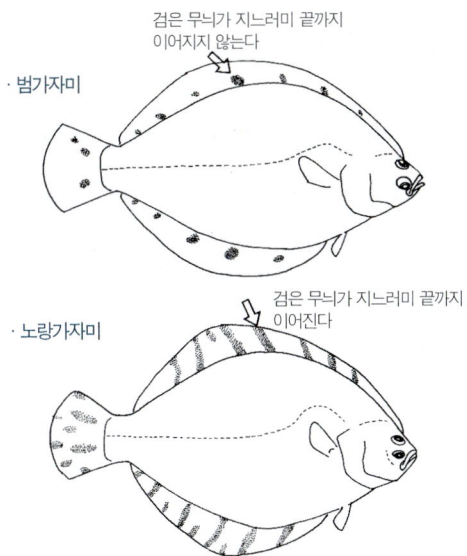

쥐치과 *Stephanolepis cirrhifer* (Temminck and Schlegel)

(경북 영해)

쥐치(쥐치과)

영명 threadsail filefish
일명 가와하기(カワハギ)
방언 쥐고기

낚시철 봄~초겨울
낚시터 방파제, 배낚시
요 리 회·양념구이·말린 포

분포
국내 동해·남해 연안
국외 일본, 동중국해

특징 몸과 머리는 좌우로 아주 납작하고 몸높이가 높아 모양이 원형에 가깝다. 작은 입이 주둥이 끝에 있고 몸 표면은 까칠까칠한 표피로 덮여 있다. 1개의 가시로 된 제1등지느러미를 자유자재로 눕혔다 세울 수 있고, 수컷의 제2등지느러미 2번째 연조는 실처럼 길게 뻗어 있다. 몸색깔은 회청색이나 분홍색을 띤다.

생태 낚시로 올라오면 "찍찍"대며 쥐새끼 소리를 낸다고 "쥐치"라는 이름이 붙었다. 따뜻한 물을 좋아하는 난류성 물고기로 연안의 해초나 모래가 많은 곳에 살며 갑각류나 해조류를 먹는다. 산란기는 5~8월이다. 몸길이는 보통 15~20센티미터지만 큰 것은 30센티미터에 달하는 것도 있다. 복어와 함께 미끼도둑으로 취급받기도 하지만, 여러 마리가 낚일 때는 낚는 재미도 있고 뼈째 썰어 현장에서 먹는 회맛도 쫄깃하고 고소하다.

Thamnaconus modestus (Günther) 쥐치과 241

말쥐치(쥐치과)

영명 black scraper
일명 우마즈라하기
　　　(ウマヅラハギ)

낚시철 봄~초겨울
낚시터 방파제, 배낚시
요 리 회·말린 포·찌개

분포
국내 전 연안
국외 일본, 동중국해, 아프리카

특징 몸과 머리는 좌우로 아주 납작하고, 몸높이가 약간 높은 긴 타원형이다. 머리 부분이 말의 얼굴처럼 생겨서 "말쥐치"라는 이름이 붙었다. 비늘이 아주 작은 가시로 변해 피부가 까칠까칠하다. 몸색깔은 장소에 따라 변화가 심하고, 회갈색 바탕에 흑갈색 얼룩무늬가 불규칙하게 흩어져 있다.

생태 연안의 30~80미터 깊이의 바위 주변에 살지만 5~9월 산란기가 되면 좀더 얕은 곳으로 올라오기 때문에, 이때는 배낚시 외에도 바닷가 낚시에 걸린다. 몸길이 20~30센티미터가 일반적이지만 큰 것은 40센티미터를 넘는 것도 있다. 말쥐치는 말려서 "쥐포"를 만들고, 우리나라에서는 쥐치보다 훨씬 많이 잡힌다.

Aluterus monocerus (Linnaeus)

객주리 (쥐치과)

영명 unicorn filefish
일명 우스바하기
(ウスバハギ)

낚시철 사계절
낚시터 방파제, 갯바위, 배낚시
요 리 회·매운탕

분포
국내 남해, 동해
국외 태평양, 인도양, 대서양의 온대·열대 수역

특징 몸과 머리는 좌우로 아주 납작하고, 몸높이가 높은 긴 타원형이다. 꼬리지느러미 뒤 끝은 거의 직선형이다. 비늘이 아주 작아서 몸의 감촉이 매끄럽다. 눈 바로 위에 긴 가시가 하나 있지만 헤엄칠 때는 뒤로 눕히기 때문에 눈에 띄지는 않는다. 살아 있을 때 몸색깔은 회색 또는 회갈색이며, 어릴 때는 동공만한 크기의 검은 반점들이 흩어져 있으나 자라면서 없어진다.

생태 연안의 비교적 얕은 암초지역 모래바닥에 주로 살며 육식성이다. 몸길이가 70센티미터에 달해 쥐치과 물고기 중에서는 큰 편이다. 바닷가에서 뱅에돔 등 다른 고기를 낚을 때 가끔 걸려 나오는데, 당기는 힘은 몸의 크기에 비해 약한 편이다.

Ostracion immaculatus Temminck and Schlegel 　거북복과

거북복(거북복과)

영명 black spotted boxfish
일명 하코후구(ハコフグ)

낚시철 사계절
낚시터 방파제, 갯바위
요 리 먹지 않음

분포
국내 동해·남해안(제주도 포함)
국외 일본~필리핀, 동인도, 남아프리카 연안

특징 몸은 통통하고 둥글지만 거의 사각형으로 각을 이루고, 몸 중앙의 횡단면은 배 부분이 가장 넓다. 등지느러미는 연조부만 있으며 꼬리지느러미 가장자리는 둥글다. 살아 있을 때 몸색깔은 황금색 바탕에 동공만한 크기의 연한 청색 반점들이 있고 지느러미는 황색을 띤다.

생태 연안의 암초나 산호 주변에 살며, 육식성으로 작은 동물들을 먹는다. 갯바위 등 바닷가 암초 주변의 낚시에서 다른 물고기를 잡을 때 종종 걸려 나온다. 어미의 몸길이는 보통 20센티미터 내외지만 큰 것은 40센티미터에 달한다. 살에는 독이 없으나 피부에 독이 있어 먹지는 않는다.

거북복(제주도 모슬포, 오른쪽 사진)

참복과 *Lagocephalus gloveri* Abe and Tabeta

흑밀복(참복과)

일명 구로사바후구
　　　(クロサバフグ)

낚시철 여름~가을
낚시터 배낚시
요 리 복매운탕 · 복지리

분포
국내 제주도 연해
국외 일본, 동 · 남중국해

특징 몸과 머리는 단면이 원통형으로, 폭이 넓고 길이가 길다. 꼬리지느러미의 끝은 약간 파였다. 등과 배에 작은 가시들이 있는데, 몸의 등쪽에 난 가시들은 등지느러미 기부의 앞쪽에 있다. 몸색깔은 등쪽은 흑갈색 또는 검은색이고 배쪽은 은백색이다. 꼬리지느러미는 검은색이지만 양끝이 흰색을 띤다.

생태 연안의 바다 가까운 곳에 살며 어미의 몸길이는 35센티미터에 달한다. 일본의 것은 독이 없으나 남중국해의 것은 약한 독이 있는 것으로 알려져 있다.

참고 흑밀복과 비슷한 종으로는 은밀복(*Lagocephalus wheeleri*)이 있다. 흑밀복과 은밀복은 1990년 김익수 교수와 이완옥 박사가 한국 미기록종으로 보고하였다. 흑밀복은 꼬리지느러미의 가장자리가 위아래로 파여 양끝이 오목한 반면, 은밀복은 중심을 향해 둥글게 파여 있다(그림 참조).

흑밀복과 은밀복의 구분

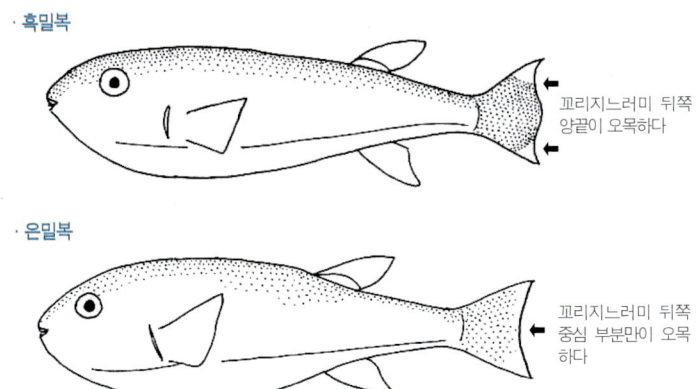

- 흑밀복 — 꼬리지느러미 뒤쪽 양끝이 오목하다
- 은밀복 — 꼬리지느러미 뒤쪽 중심 부분만이 오목하다

복어는 왜 배를 부풀릴까?

복어가 배를 둥글게 부풀리는 이유에 대하여 정확하게 밝혀진 바는 없지만, 학자들이 주장하는 4가지 근거는 다음과 같다.

첫째, 적의 위험으로부터 벗어나기 위해 상대방을 위협하려는 것으로 상당히 신빙성이 있는 설이다. 둘째, 공기를 들이마셔 몸을 가볍게 하여 떠다닐 수 있으므로 쉽게 이동할 수 있다. 셋째, 조간대에서 물이 빠졌을 때 물이 부족하면 뱃속에 담아 둔 공기를 이용해 보조호흡을 하기 위한 것으로 이 설은 신뢰성이 적다. 넷째, 복어가 배에 공기나 물을 많이 빨아들이는 것은 배를 부풀리기 위한 것이 목적이 아니라 물을 강하게 내뿜어 분수의 힘을 이용하는 데 목적이 있다는 설도 있다.

참복과 *Takifugu niphobles* (Jordan and Snyder)

복섬(참복과)

영명 grass puffer
일명 구사후구(クサフグ)

낚시철 사계절
낚시터 방파제, 갯바위, 배낚시
요 리 보통 먹지 않음

분포
국내 전 연안
국외 일본, 동중국해

특징 몸은 통통하고 둥글며, 꼬리지느러미 가장자리는 직선형이다. 몸의 등과 배에 작은 가시가 있다. 몸색깔은 짙은 녹색 혹은 흑청색 바탕에 흰색의 작은 점들이 흩어져 있고, 가슴지느러미 바로 뒤의 위쪽에 검은색 반점이 있다.

생태 연안에서 가장 흔하게 볼 수 있는 작은 복어류로 어미의 몸길이는 10~20센티미터이다. 우리나라에서는 산란기를 피해 내장을 빼낸 후 말려서 요리에 사용하는 경우도 있으나, 몸 전체에 독이 있기 때문에 보통 먹지 않는다. 작은 입으로 낚싯밥만 따먹어 낚시인들을 짜증나게 하는 물고기이다.

Takifugu stictonotus (Temminck and Schlegel) 참복과 247

까칠복(참복과)

영명 spottyback puffer
일명 고마후구(ゴマフグ)

낚시철 봄~가을
낚시터 배낚시
요 리 먹지 않는 것이 좋음

분포
국내 동해 · 남해안
국외 일본, 동중국해

특징 몸은 뭉툭하고 둥글며 약간 길다란 곤봉 모양이다. 등쪽과 배쪽에 작은 가시들이 있다. 몸의 등쪽은 암청색이고 배쪽은 흰색이다. 몸의 옆면에 노란색 세로줄무늬가 지나고 그 위쪽에는 동공 크기의 작은 흑청색 반점들이 밀집되어 있다.

생태 해변이나 배낚시에서 걸려 나오는 복어류로 큰 것은 몸길이가 40센티미터 정도이다. 살에는 독이 없지만 피부에 약한 독이 있고 간장과 난소에도 강한 독이 있다. 까칠복은 전문 요리점에서도 좋아하는 복어류가 아니며, 더구나 낚시인들의 서투른 요리는 금물이다.

여러 가지 복어류

까치복

흰점복

매리복

은밀복

여러 가지 복어류

별복

자주복

졸복

검복

3부 낚시물고기 이야기

잉어

낚시인들은 계속적으로 큰 물고기에 도전한다. 이러한 큰 물고기에 대한 관심은 아마도 인간의 수렵 본능에서 그 기원을 찾을 수 있을 것이다.

그러면 우리나라에 사는 민물고기 중에 가장 큰 고기는 무엇일까? 외래종인 초어나 백연어 등의 중국산 큰 물고기들이 들어오기 전에는 잉어가 우리의 민물에서 가장 큰 물고기였다. 그리고 민물고기 중에서 가장 오래 사는 물고기로, 보통 50년 이상 산다. 이러한 이유로 잉어는 낚시인들에게뿐 아니라 일반인들에게도 특별한 존재로 귀하게 대접받았으며, 이것은 우리나라뿐 아니라 중국에서도 마찬가지이다. 식용은 물론 약용·관상용으로 많은 사랑을 받아, 물고기 하면 잉어가 표준 모양으로 떠오를 정도다.

어려운 시험에 합격하거나 출세의 길에 접어들었을 때 보통 등용문(登龍門)이라는 말을 쓴다. 중국 황하의 상류에 용문협(龍門峽)이라는 계곡이 있는데 다 자란 잉어가 이 골짜기를 올라가면 용이 된다는 전설에서 유래된 말이다. 그래서 사람도 어려운 관문이나 운명을 결정짓는 중요한 시험을 볼 때 잉어가 용문에 들어섰다는 의미로 등용문이라 했고, 이 말이 우리나라에까지 전달되어 널리 사용되기에 이른 것이다.

잉어는 대형종으로 1미터가 넘는 것도 발견되는데, 주로 강의 중·하류나 저수지, 늪같이 물이 깊은 곳에 산다. 대부분의 온수성 물고기와 마찬가지로 15도 이하에서는 먹이를 거의 먹지 않으며, 약 24~28도의 수온에서 가장 잘 먹고 활발하게 움직이며 성장도 빠르다. 먹이는 잡식성으로 동물성 플랑크톤, 수서곤충, 실지렁이, 부착조류, 조개, 수초 등을 돌출된 주둥이로 강하게 흡입하여 먹는다. 입 안에는 3줄의 인두치가 있어 먹이는 식도로 삼키고 모래 등의 나머지는 밖으로 뱉는다. 아마 웬만한 낚시

인들이라면 낚시에 걸린 잉어를 빨리 감아들이지 않으면 미끼를 도로 뱉어내는 잉어의 성질을 잘 알고 있을 것이다. 잉어는 10도 이하에서는 거의 움직이지 않으며, 눈앞에 있는 먹이 외에는 먹지 않는다.

산란은 수온이 18도 이상 올라가는 5~6월에 시작하는데, 붕어보다는 약 1개월 정도 늦다. 한 번의 산란기에 2~3회 산란하며 한 번에 20만~60만 개까지 많은 양을 산란한다. 산란기에 접어든 수컷에게는 비늘과 지느러미에 조그만 돌기(추성)가 생긴다.

산란은 바람이 없는 맑은 날 오전에 시작한다. 한 마리의 암컷에 여러 마리의 수컷이 따라다니는데, 암컷이 수면에 있는 수초에 강하게 물살을 일으키며 알을 낳고 바로 뒤따르던 수컷이 수정시킨다. 이러한 행동을 수십 회 계속하여 고르게 알을 붙인다. 알은 1.5~2.5밀리미터 정도의 타원형이며 2~4일 후에 부화한다. 부화 후 2~3일이 지나면 난황을 흡수하고, 동물성 플랑크톤인 물벼룩, 윤충 등을 먹으면서 빠르게 자란다. 이때 먹이가 부족하면 어린 형제를 잡아먹기도 한다.

부화 후 1년만에 10~15센티미터로 자라며, 2년째에는 18~25센티미터, 3년째에는 25~35센티미터, 4년이 되면 35센티미터 이상 자라는데, 1미터까지 자라는 데는 10년 이상 소요된다. 보통 20년 이상 살지만, 70~80년까지 산 기록도 있

다. 잉어는 성장이 빠르고 약용과 식용으로 그 쓰임이 많아 옛날부터 양식을 해왔다. 자연상태와 달리 2년이면 40센티미터 이상 자라 수컷은 산란에 이용할 수 있고, 암컷도 3년만 키우면 알을 얻을 수 있다.

잉어는 세계적으로 양식이 되고 있어 여러 품종이 개발되었는데 원산지는 유라시아 대륙, 특히 중앙아시아이다. 관상용의 비단잉어나 식용으로 이용하는 이스라엘잉어(향어)도 모두 잉어와 같은 종의 품종이다.

낚시인들은 가끔 붕어의 월척을 낚는다. 그런데 자세히 보면 모양은 붕어인데 수염이 있거나, 수염은 없지만 붕어보다 비늘이 많은 경우에 고심을 한다(붕어의 옆줄비늘 수는 28~30개 내외가 정상이다). 자연에서는 거의 다른 종끼리 교배를 하지 않지만, 이것은 잉어와 붕어의 자연 잡종인 경우가 많다. 잉어와 붕어는 거의 비슷한 환경에 살고 비슷한 시기, 비슷

· 비단잉어(군산대학교 양어장)

· 향어 (군산대학교 양어장)

한 장소에 알을 낳으며 정액이 물에서 수정되기 때문에 가끔 잡종이 나오지만 이러한 예는 아주 특별한 경우에 속한다.

이에 비하여 잉어와 향어, 향어와 비단잉어, 비단잉어와 잉어는 모양과 색깔은 다르지만 같은 종이기 때문에 서로 교배하여 자손을 남길 수 있다. 그러나 향어나 비단잉어는 우수한 형질을 개량한 품종이라 잉어와 교배하면 쓸모 없는 잡종이 나오게 된다. 진돗개와 셰퍼드를 교배하면 잡종개가 나오는 것과 같은 이치다.

최근 대규모 댐의 가두리에서 대량으로 양식되는 향어가 부주의한 관리로 댐호에 들어가면서 잡종이 많이 생기게 되었다. 소양호만 해도 모양은 향어인데 비늘이 있다거나, 모양은 잉어인데 비늘의 수가 27개 이하인 경우(잉어의 옆줄비늘 수는 27~29개 정도이다) 등, 잉어와 향어의 잡종들이 나타나 우리나라의 고유한 유전자원인 잉어의 보존이 위협받게 되었다. 앞으로 낚시 시상은 지금처럼 최대어 기준이 아니라 고유한 형질을 가진 우리의 잉어를 찾는 사람한테 주어질 날이 올지도 모르겠다.

이스라엘잉어(향어)

향어라는 이름으로 널리 알려진 이스라엘잉어는 유럽에 자연분포하는, 비늘이 없고 몸높이가 낮은 가죽잉어를 몸높이가 높고 비늘이 많은 잉어와 교잡하여, 성장이 빠르고 큰 우수한 형질의 품종으로 이스라엘에서 개량한 잉어이다. 우리나라에는 1973년 이스라엘 농무성의 어병연구소장인 사릭(Sarig) 박사가 3센티미터 치어 1천 마리를 가지고 들어온 것이 처음이었다. 이후 강원도의 소양호에서 1975년부터 본격적으로 양식이 시작되어 현재는 전국의 가두리와 양식장에서 양식되고 있으며, 살이 단단하고 냄새가 적어 우리나라의 대표적인 민물고기 횟감으로 이용되고 있다.

그러나 최근 가두리에서 나온 향어들이 기존의 자연산 잉어와 교잡하여 우리 잉어의 유전자원을 교란시키고 있으며, 품종도 여러 대에 걸쳐 사육되는 동안 열성화되어 독일산 원종에 가깝거나 비늘이 많은 향어가 나타나고 있다.

붕어

세계 어디선가는 꼭 상영이 되고 있어 필름이 멈추지 않는 영화 「바람과 함께 사라지다」에 비견될 만한 물고기가 있다. 우리나라의 어느 구석에서 누군가는 꼭 "붕어 낚시"를 하고 있을 정도로 붕어는 특별하면서도 대중적인 인기를 가지고 있는 물고기이다.

우리나라에 나타나는 붕어는 한 종이다. 그렇다고 우리나라에 꼭 한 종류의 붕어만이 살고 있다는 말은 아니다. 일본에서 들어와 우리나라 대부분의 강과 호수에 나타나는 떡붕어가 있고, 최근에는 유료낚시터를 중심으로 중국에서 들여온 중국산 붕어가 있다. 그러나 이러한 붕어는 어디까지나 우리의 고유한 종이 아니므로 여기서는 언급하지 않겠다.

붕어는 유럽과 아시아의 민물에 살고 있으므로 산지에 따라 크게 유럽산과 아시아산으로 구분된다. 그러나 동북아시아를 중심으로 우리나라와 일본, 중국에서 여러 종류로 나뉘어져 현재 일본은 붕어와 떡붕어 2종이 있고, 붕어에도 4종의 아종이 있다. 이 중 떡붕어는 일본 비와호(湖)의 특산종으로 크고 깊은 호수에 사는데, 붕어가 잡식성인 데 비해 식물성 플랑크톤만을 먹는다. 중국에는 유럽산 붕어도 있고 아시아산 붕어도 2종의 아종이 있다.

우리나라는 그동안의 연구 결과를 기초로, 1991년 한국어류학회가 주최한 어류학 심포지엄에서 붕어의 종 문제를 논의한 결과, 일본의 긴부나(ギンブナ)와 아주 유사한 한 종의 붕어만이 사는 것으로 결론지었다. 그러나 해양연구소의 김종만 박사나 경북대학교의 양홍준 교수는 낙동강의 영천 등지에 "희나리"라는 방언으로 불리는 다른 형태의 붕어가 사는데 이 종이 별도의 종일 수 있다고 기록했다. 이 종은 특히 식물성 플랑크톤

· 떡붕어

을 주로 먹는 일본산 떡붕어와 유사하다고 알려져 있다. 즉 새파가 조밀하고 길며 그 수도 많을 뿐 아니라, 몸높이도 붕어에 비하여 높고 장(腸)의 길이도 길어서 초식을 하기에 적합한 것으로 알려져 있다. 그러나 그 후에 계속적인 연구가 진행되지 못하여 이들의 정확한 구분에 대해서는 아직까지 결론내리지 못하고 있다.

우리나라 낚시 인구의 60~70퍼센트가 붕어 낚시인이라고 할 만큼 붕어는 대표적인 민물낚시 물고기이다. 붕어는 전국 각지에서 볼 수 있을 뿐만 아니라 강 하구의 기수역이나 섬 지역에까지 송사리와 더불어 가장 널리 퍼져 있다. 도대체 붕어는 어떻게 섬과 같이 환경이 좋지 않은 곳에서도 살 수 있으며, 번식은 어떻게 하는 것일까? 이는 아마 겨울에도 활동할

수 있고 가뭄에는 펄바닥을 찾아 몸을 숨기는 강인한 환경적응력과 무엇이든 잘 먹는 식성, 그리고 4월초부터 7월까지 산란장소만 적당하면 여러 차례 산란할 수 있는 능력 때문일 것이다.

많은 낚시인들이 알다시피 붕어는 수컷의 수가 아주 적다. 대부분의 생물은 암수 비율이 1 : 1인데 붕어는 왜 암컷이 훨씬 많을까? 이러한 사실은 붕어의 종족보존 방식과 연관이 있다.

붕어의 염색체를 조사하면 암컷에서 $n=50$개, 수컷에서 $n=50$개로 그 이배체인 $2n=100$개가 되어야 정상인데, 많은 수의 붕어가 삼배체($3n$)인 150개, 또는 사배체($4n$)인 200개의 염색체를 가지고 있다. 최근 우리나라의 붕어를 조사한 결과 전체의 80~90퍼센트가 삼배체인 150개의 염색체를 가진 암컷뿐이었다.

이런 상태라면 붕어는 어떻게 수컷과 만나 새끼를 만들 수 있을까 하는 의문이 생긴다. 생물학적으로는 하등동물에서 볼 수 있는 단성생식(처녀생식)으로 암컷의 유전자만 가지고 새끼를 만들면 새끼는 계속 암컷과 같은 염색체 수인 $3n=150$개의 유전자를 가지게 된다. 특히 환경이 나쁜 지역의 붕어는 수가 적어 암수가 서로 만날 수 없으므로, 다른 종의 물고기 정액의 자극만으로도 산란과

· 붕어의 얼음낚시 (사진제공 『월간낚시』)

부화가 된다. 그래서 복제양 돌리와 같이 클론(복제)된 붕어로 종족을 유지하는 것이다. 그러나 정상적인 이배체(2n)의 암컷은 정상적인 이배체의 수컷을 만나 교배하고 새끼를 만들기도 한다.

떡붕어의 경우 암수의 비율이 1 : 1 정도이고 암수가 만나서 교배하는 것이 붕어와 차이를 보인다. 김종만 박사는 낙동강에서 살고 있는 붕어(희나리) 역시 암수비가 1 : 1 정도라 일본산 떡붕어와 비슷한 생식기작을 보일 것이라고 보고했다. 사는 곳 역시 일본산 떡붕어가 살고 있는 환경과 비슷하다. 즉 사는 장소에 따라 종족을 번식하는 방식을 달리하는 지혜를 발휘하는 것이다.

· 붕어(청평내수면연구소)

빙어

우리나라의 큰 호수에 살고 있는 빙어는 원래부터 그곳에 살았던 종이 아니라 이식종이다. 꼭 외국에서 들어오지 않았더라도 국내에서 이식한 것 역시 생태계의 입장에서 보면 이식종에 속한다. 예를 들어 울릉도의 태하천 등지에 사는 미꾸라지는 육지에서 가져간 이식종인 것이다.

큰 호수가 만들어지면서 적극적으로 시도된 빙어의 이식은 성공적인 사례로 꼽히고 있다. 외래 이식종은 자원조성과 생태계 불균형 초래라는 양면성을 지니고 있으나, 자원이용이라는 측면에서 볼 때는 성공적인 예도 많이 찾아볼 수 있다.

빙어는 바다빙어목 바다빙어과에 속하는 냉수성의 작은 물고기로, 우리나라 동해 북부와 일본의 북해도, 사할린, 알래스카의 하류와 연안에 자연분포한다. 또 빙어는 우리나라의 큰 호수에 많이 살고 있기 때문에 우리에게 친숙한 물고기이기도 하다. "공어(公魚)"라는 방언으로도 불리는 이 물고기는 북녘 출신인데, 현재 우리나라의 동해 북부 연안과 연안에 접한 하천 및 저수지에 사는 빙어를 제외하면, 내륙의 호수, 저수지 등에 사는 것들은 모두 70여 년 전 함경남도에서 이식된 것이다. 일본 식민지 시대인 1925년 함경남도 용흥강 하류에서 빙어 알 약 960만 개를 채란해 수원 서호, 제천 의림지, 충주 등에 처음 방류했고, 1926년에는 임실 운암호에 방류했다. 지금 우리가 접하는 빙어는 대부분 이때 방류된 빙어의 후손들이다. 1980년대에도 대청호, 안동호, 주암호, 소양호 등에 빙어가 이식되었고, 1990년대 들어서는 지방의 자치단체들이 해당 지역의 작은 호수에 빙어를 방류하였다.

빙어는 원래 하천의 최하류나 바다의 연안에 살면서 동물성 플랑크톤

· 빙어 얼음낚시(강원도 화천 파로호)

을 먹고 사는 물고기이다. 우리나라에도 강릉 경포호 등 동해 북부 연안에 자연분포하고 있으며, 방파제에서도 낚시에 잘 걸려든다. 우리나라에는 결국 자연분포하는 빙어와 북한에서 이식한 빙어의 두 가지 빙어가 있는 셈이다. 물론 이 둘은 같은 종이다. 빙어는 3~4월, 수온이 7~10도일 때 호수와 저수지에 흘러 들어오는, 모래와 자갈이 깔린 개울에 산란한다. 6~10센티미터 정도 되어야 산란이 가능하며 산란을 마친 어미는 죽는다. 빙어는 1년 정도만 자라도 알을 낳을 수 있지만 대부분이 3년생이다.

　빙어는 얼음 밑에서도 산다는 의미로 빙어(氷魚)라 부르는데, 남쪽의 하천에서는 살 수 없지만, 여름에도 깊은 곳의 수온이 10도 이하로 유지되는 인공 호수에서는 살 수 있다. 수온이 올라가면 바닥에서 생활하다가 11월이 되면 수면 가까이 올라와 산란을 하고 더워지면 다시 바닥으로 내려가는 생활을 반복한다. 이러한 생태적 특징은 다른 온수성 물고기의 활동시기와는 반대인데, 수중 생태계의 먹이와 서식처의 경쟁을 피하는 좋은 예이다.

맛이 좋은 빙어는 비린내가 전혀 없어 즉석에서 먹는 회로도 인기가 높지만 튀김과 찌개로도 손색이 없다. 오이향이 난다고 해서 과어(瓜魚)라고도 하는데 단백질, 칼슘, 비타민이 풍부한 저칼로리 식품이다. 그러나 빙어도 점차 그 수가 줄고 있어 많은 사람들이 맛보기에는 부족한 실정이다. 생활하수와 축산폐수로 하천 바닥이 오염되어 산란장이 점차 줄고 있고, 산란기 전후로 비교적 짧게 정해져 있는 금어기(3월 1~20일) 또한 지키지 않는 사람들이 많다. 또 남획으로 인해 재생산이 불가능해지고 있다. 한겨울 빙어를 낚는 정취와 상큼한 맛을 계속 즐기기 위해서는 다시 치어를 방류하고 새롭게 보호정책을 펴야 할 때이다.

(강원도 화천 파로호)

무지개송어

무지개송어는 연어목 연어과에 속하는 냉수성 물고기로, 원산지는 북아메리카의 태평양쪽 연안과 캄차카 반도이다. 유용한 양식대상 물고기로 품종이 개량된 뒤 현재는 세계적으로 널리 이식되어 있다. 영어 이름은 "산란기에 무늬가 무지개색을 띠는 송어"란 뜻으로 "레인보우 트라우트(rainbow trout)"라고 부른다.

우리나라는 1965년부터 1968년까지 주로 미국에서 수정된 알을 들여와 강원도 평창에서 부화한 뒤 일부는 방류하고 일부는 양식용으로 사용했다. 이때 이식을 주도한 정석조 씨를 기념해 정문기 박사가 『한국어도보』에 국명을 "석조송어"라 했으나 지금은 무지개송어가 표준어가 되었다. 양식업자들은 흔히 송어라고 부르는데 송어라는 이름은 우리나라 토착종인 송어(산천어의 강해형)에만 써야 옳다.

양식 도중에 흘러나온 무지개송어가 열목어, 산천어 등과 함께 섞여 사는 경우가 가끔 발견되는데, 이 3종은 모양이 비슷해서 착각을 일으키게 한다. 그러나 무지개송어는 몸통과 지느러미에 아주 작은 검은색 반점들이 깨알같이 흩어져 있어서 열목어나 산천어와는 구분된다.

어린 무지개송어는 주로 수서곤충과 작은 갑각류를 먹지만 자라면서 육상곤충, 지렁이 등 다양한 먹이를 먹고, 완전히 자란 것은 연어의 새끼 등 작은 물고기를 먹는다. 무지개송어는 냉수성이라 계곡물이 많이 흘러드는 곳을 좋아하며 10~18도가 성장에 적합한 수온이다. 무지개송어는 바다에 내려가지 않고 평생 담수에서 살며, 한 번 산란을 마치고 죽는 연어와 달리 여러 차례 산란을 하는 것으로 알려져 있다. 그러나 산란행동은 연어와 비슷하고 3년생이면 어미가 된다.

　우리나라에서 최근 무지개송어는 낚시대상 물고기로 큰 인기를 얻고 있고, 일부 계곡에서는 무지개송어를 낚기 위한 플라이낚시가 성행하고 있다. 그러나 낚시대상 물고기로 방류되는 3년생 이상의 큰 무지개송어는 자연 서식처의 작은 토종 물고기들을 잡아먹기 때문에 지정된 낚시터 외에는 방류하지 말아야 한다. 특히 천연기념물인 열목어가 사는 곳에서는 먹이와 습성이 비슷하므로 절대 방류해서는 안 된다.

가물치

우리나라 남서부 지방은 평야가 넓게 발달하고 강의 흐름이 완만하여 큰 호수보다는 작은 저수지나 늪지대가 많고, 동북부 지방은 산이 많아 물살이 빠르게 흐른다. 이러한 환경에서는 큰 물고기보다는 작은 물고기가 많다. 그러나 남서부 평야지대에 육식성의 큰 물고기도 예외적으로 살고 있는데, 이 물고기가 바로 가물치이다.

현재 우리나라의 민물은 중상류에 소양호, 충주호, 대청호, 운암호, 안동호 등의 큰 호수가 강을 막고 있고, 하구에는 낙동강, 영산강, 금강 등의 하구둑과 한강의 수중보 등이 하구의 물 흐름을 차단하고 있어서, 기존 하천 생태계가 유지되는 곳은 섬진강밖에 없다. 이러한 환경의 변화는 기존에 살고 있는 우리의 토종 물고기보다는 댐이나 큰 호수에 서식하는 외래종이 살기에 더 적합한 환경이 되었다. 이 때문에 블루길이나 배스가 대량으로 번식하게 된 것은 당연한 일인지도 모른다. 이 중에 세계적으로 가장 잘 알려진 배스가 많은 수역에서 주인 행세를 하고 있다.

그러나 우리나라의 저수지나 늪지에서 생존경쟁을 한다면 가물치는 배스에 뒤지지 않을 것이다. 가물치는 우리나라의 평야지대인 서해와 남해로 흐르는 하천, 저수지, 연못, 농수로, 늪지대와 중국 동부의 양쯔강, 그리고 흑룡강에까지 분포하고 있다. 아시아 남동부 지방에 여러 종의 가물치속 물고기가 사는 것으로 봐서 아시아의 남동부가 분포의 중심 지역임을 알 수 있다.

흥미로운 것은 일본에도 가물치가 산다는 것이다. 그러나 일본의 가물치는 우리나라가 고향이다. 1916년과 1923~1924년에 일본은 우리나라에서 가물치를 도입하여 이식하였다. 이식된 가물치는 현재 혼슈, 규슈,

시코쿠 등의 평야지대를 중심으로 널리 퍼져 있고, 최근에는 홋카이도에 까지 사는 것이 보고되었다. 일본에서도 우리나라와 같이 가무루치라고 부르고 있으며, 가물치의 강한 생존능력과 육식성 때문에 고유한 담수 생태계를 파괴하여 그 피해를 조사하고 있는 실정이다. 특히 일본의 많은 고유종이 서식하는 일본 최대의 호수인 비와호에도 가물치가 서식하는 것으로 알려져 있다.

가물치는 우리에게 친근하면서도 모양이 뱀을 닮아 징그러운 느낌을 준다. 그래서 옛날 사람들은 뱀이 변한 것이라고 믿었고, 중국과 우리나라의 많은 고서에도 "사두어(蛇頭魚)"라 기록되어 있다. 영어 이름도 "뱀의 머리(snake head)"로 불리고 있으며 특이한 모양 때문에 동남아시아의 여러 나라에서는 많은 전설이 내려 오고 있다. 그러나 지금은 낚시인들에게 가물치의 크고 강한 힘이 관심의 대상일 뿐이다.

가물치는 분류학적으로 농어목 가물치과에 속하며 세계적으로 2속 21종이 살고 있다. 우리나라에는 가물치속에 가물치 한 종만이 큰 강의 중·하류, 저수지와 늪지를 중심으로 살고 있다.

가물치는 다른 물고기와 달리 물 속에 용존산소가 적은 곳에서도

· 가물치 낚시 (사진제공 『월간낚시』)

견딜 수 있는 능력이 뛰어나다. "상세기관"이라는 호흡 보조기관이 아가미 속에 있어서 물 속에 녹아 있는 산소가 부족하면 직접 공기호흡을 할 수 있다. 가끔 날이 가물어 연못의 물이 완전히 말랐다가 다시 물이 채워졌을 때 커다란 가물치가 나타나는 것은, 이러한 악조건에서도 생존할 수 있는 능력 때문이다.

가물치의 산란은 물 밖에서도 쉽게 볼 수 있다. 5~8월에 수온이 20도 이상 올라가면 수컷과 암컷은 잔잔한 연못에 수초를 잘라 주변을 청소하고 산란장을 만든다. 산란둥지가 완성되면 날씨가 따뜻하고 수면이 잔잔한 날, 산란과 수정을 한다. 가물치의 알은 물에 뜨기 때문에 수면을 덮고 있는 산란둥지에 알이 숨겨진다. 한 번 산란하는 양은 암컷의 크기에 따라 1,300~15,000개의 알을 낳는다. 20도에서 45시간 정도면 수정란이 부화하는데, 어린 가물치의 크기는 약 4밀리미터 정도이다. 특히 이때는 암수 가물치 모두 산란둥지 아래에서 알과 새끼를 보호하는데, 성격이 더욱 과격해져 도망가지 않아 쉽게 잡히기도 한다. 부화한 새끼는 1년에 약 25센티미터, 2년에 35센티미터, 3년에 45센티미터까지 자라는데, 최근 가물치 양어장에서는 3년에 60~70센티미터까지 키우기도 한다. 1미터가 넘는 것도 있지만 70센티미터 이하가 대부분이다.

가물치는 중국과 우리나라에서 약용으로 사용되며, 부종과 치질에 효과가 있다고 허준의 『동의보감』에 기록되어 있다. 지금도 임산부의 회복과 식용으로 가물치는 우리에게 귀하게 대접받지만, 특이한 외형 때문에 일반적인 식용어로 환영받지는 못 하고 있다. 가물치를 회로 먹을 때는 이들의 몸 속에 "악구충(顎口虫)"이라는 기생충이 있으므로 주의해야 한다.

돌고기

돌고기는 압록강 이남의 서해와 남해로 흐르는 하천, 그리고 함경북도를 제외한 동해로 흐르는 우리나라 전역의 하천 중상류에 사는 잉어목 잉어과 돌고기속에 속하는 작은 민물고기이다.

낚시인들에게는 사실 돌고기가 반갑다기보다는 귀찮은 존재이다. 크기도 작은데다 입은 말발굽 모양처럼 생겨 복어처럼 미끼만 뜯어먹기 때문에 잡기가 어렵다. 그러나 강이나 계곡의 바위 주변에 작은 물고기들이 있으면 한번 둘러보라. 몸의 중앙에 진한 검은 줄무늬를 가진 앙증스런 물고기가 놀고 있는 모습은 잔잔한 아름다움을 느끼게 한다. 우리의 조상들도 이들의 아름다움에 반했는지 아니면 너무나 흔해서인지 많은 이름을 붙여 주었다. 겡미리, 돌중어, 돌피리, 돗고기, 동피리, 똘중어, 여울피리, 뚜꺼비, 똘치, 깨고기, 뎅미리, 똥고기, 독고기 등 그다지 귀하게 보이는 이름은 없으나 다른 물고기에 비해 많은 방언이 알려져 있다. 서유구의

· 돌고기(청평내수면연구소)

· 감돌고기(청평내수면연구소)

『전어지佃漁志』에서도 "몸의 생긴 모양이 돼지 새끼와 비슷하여 돗고기라는 이름이 붙었고, 머리는 작고 배가 부르며, 꼬리는 뾰쪽하고 꼬리지느러미는 끝이 둘로 갈라져 있다. 주둥이는 가늘고 끝은 뾰쪽하며, 등은 검고 눈이 작다. 자갈 사이를 배회하기를 좋아하고, 지렁이를 미끼로 하여 낚는다"라고 소개하고 있다.

우리나라에는 돌고기와 유사한 종으로 감돌고기와 가는돌고기가 있다. 감돌고기는 일본인 학자인 모리(Mori) 박사가 1935년 금강 상류에서 한 마리를 잡아 새로운 종으로 기록하였는데, 우리나라의 금강, 만경강, 웅천천에만 사는 것으로 알려져 있으며 환경부에서 지정한 우리나라 멸종위기 동식물에 포함되어 있다. 가는돌고기는 1980년 전상린 교수가 발견하여 최기철 박사와 공동으로 새로운 종으로 기록하였는데, 지금까지 임

진강과 한강의 중상류에만 아주 적은 수가 살고 있는 것으로 알려져 있다. 특히 가는돌고기와 감돌고기는 우리나라 중부지방의 서해로 흐르는 하천에서만 아주 적은 수가 살고 있기 때문에 세계적으로도 희귀한 유전자원이다.

    우리는 아직도 가는돌고기나 감돌고기의 정확한 생태를 모르고 있다. 완전한 생활사도 밝혀지지 않은 채 감돌고기는 세상에 알려진 지 70년도 안 되어 멸종위기종으로 지정되었고, 가는돌고기는 이름을 가진 지 20년도 안 되어 희귀종이 되었다. 물고기를 사랑하는 낚시인이라면 대물을 노리고 던져 놓은 낚싯대에 우리의 작은 토종 물고기가 먹이를 얻고자 기웃거릴 때 너무나 야박하게 굴지 말기를 부탁한다. 월척뿐만 아니라 우리의 토종 물고기에도 관심을 가지고 보호하는 강태공들의 모습도 멋있지 않은가?

· 가는돌고기

어름치

한강과 금강 중상류의 맑은 물에 어름치라는 물고기가 있다. 어름치는 물과 하천의 환경상태를 알 수 있는 중요한 지표종(표지종)이다. 지표종이란 그 환경을 대표할 수 있는 생물종으로, 이들이 사는 상태만으로도 환경을 짐작할 수 있는 생물종을 말한다.

우리나라에서는 정약용의 『아언각비』에 어름치가 나오고 평창, 춘천 등에 반어(어름치의 사투리)가 산다고 기록한 고서들이 있다. 어름치는 반어, 얼음치 등으로 불리기도 한다.

어름치는 우리나라에만 있는 고유종으로 한강, 임진강, 금강에만 사는데, 금강에 사는 어름치는 1972년 천연기념물 238호로 지정되었고, 1978년에는 종 자체가 천연기념물 259호로 지정되었다. 그러나 최근 금강에서는 어름치의 모습을 볼 수 없어 절멸되어 가고 있는 것으로 생각된다. 지금은 한강의 일부 지역, 강원도 영월과 인제, 정선 등의 수질이 양호하고 환경이 잘 보존된 일부 지역에서만 그 모습을 볼 수 있다.

최근 어름치의 서식처가 계속 줄고 있음에도 다행히 강원도 영월의 동강에서 30센티미터 이상의 어름치가 다수 살고 있음이 확인되었다. 그러나 이곳에서도 대낚시로 어름치를 잡는가 하면 그물뿐만 아니라 심지어 청산가리로 무자비하게 포획한 민물고기에 많은 어름치가 포함되어 있는 것이 얼마 전 텔레비전에 보도된 적도 있다. 이렇게 생각 없이 어름치를 잡는 사람들이 알아야 할 것이 있다. 천연기념물이라 잡는 것이 불법이라는 사실보다, 내가 잡은 어름치가 세계에서 유일하게 우리나라에만 사는 귀중한 유전자원의 마지막일 수도 있다는 것을 인식해야 한다.

어름치는 산란기에 산란탑을 쌓는데, 물이 부족한 해에는 강의 안쪽

에, 물이 많을 때는 강의 가장자리에 산란탑을 쌓는다. 그래서 강원도 인제 사람들은 어름치의 산란탑을 보고 가뭄과 홍수를 예견한다고 한다.

수온이 17도 이상 올라가는 4~5월에 어름치의 산란은 시작된다. 어름치는 물이 맑고 강바닥에 자갈이 깔린, 물 흐름이 완만한 여울 아래와 소(沼)가 연결되는 곳에 구덩이를 파고 산란을 한다. 수컷은 체외수정을 시킨 후 덩어리 모양의 노란 알 위에 작은 자갈을 물어다 덮어 탑을 쌓는다.

어름치는 같은 누치속(屬)의 참마자나 누치와 비슷한 모양이지만, 몸통이 더 두툼하고 몸색깔이 아름다우며 뚜렷하다. 몸 전체와 지느러미에 흑갈색의 반점이 있어 모양이 준수하고 행동도 여유가 있어서, 우리나라의 천연기념물로뿐 아니라 고유종으로 어느 곳에 내놔도 자랑스러운 민물고기이다. 주로 수서곤충과 작은 물고기를 잡아먹는 것으로 알려져 있으나 정확한 생태는 알려져 있지 않다.

· 어름치(청평내수면연구소)

피라미

삭풍이 부는 강가나 눈보라가 치는 얼음 위에서도 낚시에 심취한 낚시인들은 자리를 지키고 있다. 한겨울에도 우리를 추운 물가에서 떠나지 못하게 하는 물고기는 의외로 너무나 왜소하고 흔한 물고기들이다. 피라미는 빙어와 함께 겨울에도 우리를 물가로 유인한다.

최기철 박사의 조사에 의하면 우리나라의 민물에서 가장 많은 수가 살고 있는 종은 피라미로, 전체 민물고기의 약 19.94퍼센트를 차지한다고 한다. 우리 주위에서 쉽게 볼 수 있어 지역에 따라 방언도 많고 맛도 좋아 식용으로 많이 이용하는데, 일본, 중국, 대만 등 동북아의 하천에 가장 수가 많은 물고기라 멸종에 대한 부담도 없다.

피라미는 방언도 많다. 우선 산란기의 수컷은 불거지, 가래, 개리, 개피리, 날피리 등으로 불리고, 암컷이나 어린 새끼는 피래미, 피라지, 피리, 피리미, 피랭이 등으로 불린다. 우리는 민물고기 새끼를 특별한 구분 없이 피래미나 송사리, 눈굼쟁이로 부르는데, 이때 송사리나 눈굼쟁이로 불리는 것들은 피라미 새끼일 확률이 높다.

피라미와 같은 쟈코속(屬)에는 갈겨니가 있다. 갈겨니는 피라미보다 상류에 살며 여울보다는 잔잔하고 약간 깊은 소를 선호하는 데 비해 피라미는 여울을 좋아한다. 그래서 먹이도 피라미는 흐르는 물에 사는 하루살이 유충이나 규조류(돌에 끼는 식물성 플랑크톤)를, 갈겨니는 날도래 유충이나 날아다니다 죽어 떨어진 곤충을 주로 먹는다.

피라미는 강 중상류의 흐름이 비교적 빠른 여울에서 5~7월 사이에 알을 낳는다. 알은 여울의 흐름에 따라 흘러가면서 자갈과 모래 사이에서 부화한다. 피라미는 다른 물고기보다 하천의 개수, 골재채취, 제방공사, 수질

· 피라미(충남 웅천천)

오염 등의 인공적인 환경변화에 잘 적응하여, 강에서 가장 우점종으로 자리잡고 있다. 특히 하천의 개수는 대부분의 물고기들에게는 치명적이지만, 피라미는 크게 영향을 받지 않아 갈수록 그 수가 늘어나고 있다.

　피라미는 겨울이 되면 댐이나 큰 강에 모여 월동하고 봄이 되면 다시 상류로 올라간다. 특히 부화 직후의 어린 새끼는 강이나 하천에서 먹이를 먹고 어느 정도 자라면 상류로 올라가면서 먹이를 먹는데, 강의 곳곳에 설치된 수중보와 댐이 피라미 새끼가 바다로 떠내려가는 것을 막아 준다. 그래서 하천의 길이가 짧은 섬에서는 부화된 새끼가 바다로 흘러 들어가 강으로 올라오지 못한다.

　피라미는 행동이 활발하기 때문에 견지낚시나 얼음낚시로 잡는다. 이때 떡밥이나 하천의 벌레 등을 낚싯밥으로 쓴다. 피라미는 맛이 좋고 영양도 풍부해서 매운탕과 튀김으로 이용하는데 창자에서 약간 쓴맛이 나므로 내장은 깨끗이 제거하는 것이 좋다. 겨울 동안 우리는 차가운 얼음 밑에서도 무엇인가 끊임없이 먹어 빨리 자손을 남기려고 이곳저곳 돌아다니는 피라미를 계속해서 만날 수 있을 것이다.

· 갈겨니(강원도 백담사 계곡)

은어

 강의 중류와 하류까지 맑은 물이 흐르는 하천은 우리에게 큰 기쁨을 가져다 준다. 더욱이 이런 곳에서는 은어 낚시를 할 수 있기에 더욱 그러할 것이다. 날렵한 몸매에다 회갈색 또는 은백색을 띠는 은어는 보는 사람마다 아름다움을 느끼기에 충분한 물고기이다.

 사람들은 은어가 강에서 산다고 생각하기 쉽지만 사실 은어는 많은 기간을 강의 하구나 연안에서 보낸다. 은어는 9~10월에 강의 하류에서 산란을 하는데, 이곳은 민물과 바닷물이 만나는 지점의 바로 위 여울이다. 주로 오후 6~12시 사이에 힘들게 산란을 마치고는 암수 모두 죽는다.

 부화한 어린 은어는 강을 따라 물 흐름이 완만한 하구로 흘러가서 이곳에서 동물성 먹이를 먹으면서 자라다가 바다로 내려간다. 바다로 내려간 어린 새끼는 연안에서 동물성 플랑크톤을 먹으면서 월동한 뒤 봄이 되면 다시 강으로 올라오는데 이때의 크기는 약 5~6센티미터 내외이다. 바닥이 자갈이나 바위로 된 곳까지 올라오면 지금까지 육식성이던 식성이 초식성으로 바뀐다.

 이때부터 사방 1미터 정도의 세력권을 형성하여 세력권 내에 있는 하천바닥의 식물성 플랑크톤(주로 부착조류)을 먹는다. 은어가 먹이를 먹은 자리에는 독특한 모양이 남아 능숙한 은어 낚시인들은 쉽게 이런 자리를 알 수 있다. 특히 은어의 세력권 안에서는 다른 은어뿐 아니라 그때까지 자리를 차지하고 있던 피라미나 다른 물고기들도 자리를 양보하고, 서식하기에 나쁜 강의 가장자리로 밀려나게 된다. 세력권을 확보하지 못한 약한 은어는 떠돌이가 되어 충분한 먹이를 먹지 못하므로 가을에 산란하는 데 어려움을 겪게 된다. 은어는 자기의 세력권 안에 다른 물고기가 들어오

은어 낚시터
(경북 영덕 오십천)

면 온몸으로 밀어내기 때문에 놀림낚시에 은어가 걸려 나오는 것이다.

한곳에 있는 부착조류를 전부 먹은 은어는 계속 상류로 올라가면서 먹이를 먹다가, 수온이 20도 이하로 떨어지는 9월말이 되면 다시 하류로 내려온다. 이때 수컷은 혼인색과 추성이 나타나고 암컷은 알을 가진다. 이러한 생활사 때문에 섬진강과 같이 크고 깨끗한 강의 은어는 30센티미터 이상 자라지만 강의 크기가 작은 동해안 하천의 은어는 10~25센티미터 내외에서 산란기를 맞이하게 된다.

옛 기록에는 우리나라 대부분의 하천에 은어가 살았다고 한다. 그러나 지금은 하천의 변형, 오염, 남획으로 은어가 살 곳이 줄어들고 있어, 동해로 흐르는 일부 하천들과 섬진강, 탐진강, 일부 서남해로 흐르는 하천에서나 은어를 볼 수 있다. 특히 큰 은어가 많이 살았던 낙동강, 금강 등의 하구에 댐이 생기고 한강도 수중보와 팔당호가 버티고 있어 은어가 살기에는 어려운 환경이다. 섬진강도 하구의 계속되는 골재채취로 은어의 산란이 이루어지기가 힘든 상황이 되었다.

다행히 최근에는 은어의 인공 종묘생산이 가능해져서 치어와 수정란을 대량으로 방류하고 있다. 특히 섬진강과 동해안의 하천에는 매년 수백만 개 이상의 수정란이 방류되고 있는데, 이러한 노력 덕분에 우리 낚시인들이 계속적으로 은어 낚시를 할 수 있는 것임을 잊지 않아야 한다.

은어(사진제공 『월간낚시』)

쏘가리 · 황쏘가리

우리나라의 강이나 호수에 사는 민물고기 중에 쏘가리를 제일로 꼽는 사람들이 많다. 육식어로 성질이 사납지만, 유연하고 여유 있는 움직임과 담백하며 바닷고기 못지않은 맛과 희소성 때문에 많은 사람들로부터 사랑을 받고 있다.

쏘가리는 1892년 중국의 양쯔강 하류에서 스타인다크너(Steindachner) 박사에 의해 처음 학명이 기록되었고, 우리나라에서는 1913년 부산 근교에 살고 있는 것이 미국의 조단(Jordan) 박사에 의해 처음 기록되었다. 그러나 이것은 학문적인 접근일 뿐 이보다 훨씬 오래 전부터 우리나라의 고서에는 쏘가리의 습성과 이용에 관한 기록이 있다. 단지 이들은 학문적인 체계를 갖추지 못하여 인정을 받지 못하고 있었을 뿐이다.

한편 황쏘가리는 한강에만 아주 희귀하게 사는 것으로 알려져 있는데, 정문기 박사는 이들의 옆줄비늘 수, 몸색깔 등이 쏘가리와 달라서 우리나라에 아직까지 알려지지 않은 미기록종으로 기록하였다. 그리고 한강의 황쏘가리는 1967년에 천연기념물 190호로 지정되었다. 그러나 대부분의 천연기념물이 그러하듯이 특별한 보호대책이나 기초 연구가 이루어지지 않은 채 쏘가리와 동일종이다, 아니다 하는 의견만이 분분할 뿐이었다.

우리가 통상적으로 종을 구분할 때는 모양이나 색깔의 차이를 본다. 그러나 생물학적으로 다른 종은 생식적인 격리(교배하였을 때 새끼가 나오지 않거나, 나오더라도 그 다음 세대로 이어지지 않는 것)가 이루어져야 한다.

쏘가리와 황쏘가리는 얼룩무늬의 차이가 뚜렷해서 다른 종처럼 보인다. 그러나 얼룩무늬를 제외하고는 몸의 형태, 지느러미의 수, 비늘의 수 등이 둘다 똑같다. 그리고 염색체의 수와 모양도 황쏘가리와 쏘가리 모두

같은 48개로 차이가 없는데, 몸색깔의 뚜렷한 차이 때문에 쉽게 결론을 낼 수 없었다. 황쏘가리와 쏘가리를 확실하게 구분하는 방법은 두 종을 교배시켜 과연 자손이 나오는지를 보는 것이었다. 그러나 쏘가리의 인공부화는 대단히 어려워 쉽게 교배실험을 할 수가 없었다. 다행히 1997년 6월 쏘가리의 인공부화에 성공해, 이러한 실험을 시도할 수 있게 되었다. 그러나 황쏘가리는 달랐다. 황쏘가리는 한강에서 2년 동안 두 사람의 어부가 잡은 것이 10마리밖에 되지 않았는데, 그것도 염색체 실험에 2마리를 사용했기 때문에 8마리밖에 교배실험에 사용할 수 없었다. 게다가 불행하게도 암컷은 한 마리도 없었다. 다행히 황쏘가리의 수컷 정액은 충분해서 쏘가리 암컷에 황쏘가리의 수컷을 교배한 결과 정상적인 쏘가리를 얻을 수 있었다.

· 황쏘가리(청평내수면연구소)

 서로 다른 두 종을 교배실험하면 대부분의 경우 유전적으로 화합이 이루어지지 않아 수정률, 부화율, 생존율이 정상적인 교배 때보다 떨어지고 기형이 많이 나타난다. 그러나 황쏘가리 수컷과 쏘가리 암컷의 교배 결과는 쏘가리끼리의 교배 결과와 별 차이를 보이지 않았다. 그리고 기형도 나타나지 않았다. 이는 생물학적으로 동일 종이라 할 수 있다.

 우리는 자연에서 간혹 황쏘가리와 같은 황금색의 송어, 미꾸리, 메기 등의 색소결핍에 의한 알비노(백화현상)를 볼 수 있으며, 색소결핍을 이용한 관상어 개발은 금붕어와 비단잉어에서 볼 수 있다. 황쏘가리는 쏘가리의 색소결핍에 의한 돌연변이로 보는 것이 합리적일 것이다. 앞으로 황쏘가리의 암컷을 확보하여 더 실험을 해야겠지만 지금까지의 형태 조사, 염색체 조사, 그리고 교배실험을 종합해 보면 황쏘가리는 쏘가리와 동일 종으로 생각된다. 그러나 이러한 돌연변이는 유전되므로 황쏘가리는 한강에 계속 나타날 것이다. 황쏘가리는 그 수가 많지 않고 아름다우므로 금붕어나 비단잉어와 같이 관상어로 개발한다면 유용한 유전자원이 되리라고 본다. 다만 황쏘가리를 천연기념물로 계속 보호해야 할 것인지는 검토의 여지가 있다.

천연기념물로 지정된 민물고기

최근에 조사된 우리나라 휴전선 이남의 민물고기는 모두 196종(김익수, 1997년)이고 이 가운데 종이나 서식지가 천연기념물로 지정된 것들은 다음과 같다.

무태장어 : 천연기념물 제258호(1978년 8월 18일 지정)
 - 무태장어 서식지(제주도 천지연) : 천연기념물 제27호(1962년 12월 3일 지정)

어름치 : 천연기념물 제259호(1978년 8월 18일 지정)
 - 어름치 서식지(충북 옥천군 이원면 일대의 금강 상류) : 천연기념물 제238호
   (1972년 5월 1일 지정)

열목어 서식지
 강원도 정선군 사북읍 정암사 일대 : 천연기념물 제73호(1962년 12월 3일 지정)
 경북 봉화군 석포면(낙동강 상류) : 천연기념물 제74호(1962년 12월 3일 지정)

황쏘가리 : 천연기념물 제190호(1967년 7월 11일 지정)

숭어 · 가숭어

숭어는 우리나라의 전 연안에 살고 있는 흔한 물고기이다. 하구뿐 아니라 강의 중류에까지 오르고 먼 바다에서도 볼 수 있다. 우리나라를 포함해 전 세계의 열대와 온대에 17속 66종이 널리 분포하는 것을 보면 종 분화에 성공한 물고기 집단이다.

숭어는 바다와 기수역을 오가면서 일생을 보내다가 산란기에 강의 연안과 하구에 모습을 나타낸다. 이때 잡아서 알로 만든 숭어알젓은 진상품이었고, 지금도 우리의 입맛을 자극하는 고급식품이다. 우리나라에는 3종류의 숭어가 있는데 일반적으로 가장 많이 잡히고 또 널리 살고 있는 것은 숭어이다. 그리고 서해안 갯벌에서 주로 사는 것은 가숭어이고, 남해안에서 많이 잡히는 것은 등줄숭어이다.

숭어는 강의 하구에서 집단생활을 하는데 주로 개펄 속의 유기물이나 식물성 플랑크톤을 먹고 산다. 특히 숭어는 단단한 근육질의 모이주머니와 긴 창자를 가지고 있어서 식물성 플랑크톤과 유기물을 잘 소화시킨다. 온수성 물고기로 20도 이상의 수온에서 활발히 활동하는데, 먹이를 먹기 위해 하구에서 사는 시기도 수온이 상승하는 봄에서 여름까지이다. 숭어는 10월에서 이듬해 1월 사이에 먼 바다에서 산란하는 것으로 알려져 있

· 숭어

· 숭어(위)와 가숭어의 눈

으며, 처음에는 동물성 먹이를 먹다가 강의 하구로 올라오는 봄부터는 부착조류를 주로 먹는다. 담수에서만 산 1년생의 숭어를 흔하게 볼 수 있는데, 서해안에서는 이러한 어린 고기를 "몰치"라고 하여 뼈까지 회로 먹기도 한다.

숭어는 몸의 크기에 따라 지방마다 부르는 이름이 많은데, 특히 10센티미터 정도의 어린 새끼는 "모치"라고 불린다. 일본에서는 "가라스미"라고 하여 숭어의 난소를 가공한 식품이 인기가 있다. 우리나라에서 나오는 숭어 가운데는 영산강 하구의 숭어가 가장 맛이 있는 것으로 유명하고, 숭어회도 일품이다. 과학적 근거가 있는 것은 아니지만, 이것은 숭어가 먹는 바닥의 성분과 관련 있는 것으로 추측되기도 한다. 동해안에서는 훌치기낚시 물고기로 인기가 있다.

· 가숭어

가숭어는 여름에 성숙한 알을 가진 것이 잡히기도 하지만, 산란기는 지역에 따라 봄과 가을로 알려져 있다. 강의 기수역에 더욱 가까이 올라오는 가숭어는 1미터까지 자라고, 숭어에 비해 윗입술이 아랫입술보다 훨씬 두툼하다. 또 눈에 기름눈꺼풀이 덜 발달하여 눈을 전부 덮는 숭어와는 차이가 있다.

얼마 전까지만 해도 숭어는 낚시대상 물고기로는 환영받지 못하였다. 식물성 플랑크톤과 유기물을 먹기 때문에 적당한 미끼가 없었고, 조그만 소리에도 쉽게 도망쳐서 낚시로 잡기가 까다로웠다. 그러나 최근에는 동해안을 중심으로 훌치기낚시에서 많은 숭어가 잡히고, 서해안에서는 조그마한 바늘을 이용하여 작은 입에 맞는 낚시와 미끼가 개발되어 점차 숭어 낚시가 낚시인의 사랑을 받고 있다. 고급어종이 아니어서 지금까지 남획이 심하지 않았지만, 담백한 맛 때문에 갈수록 대접받는 물고기가 될 것이다.

· 가숭어(청평내수면연구소)

벵에돔

바다 낚시인들은 흔히 참돔과 감성돔을 가장 중요한 낚시대상 물고기로 꼽는다. 그러나 우리나라에는 참돔과 감성돔 외에도 좋은 물고기들이 많이 있다. 그 중에서 제주도와 일부 남해안에 많이 살고 있는 검은색의 신사 벵에돔이 강한 자극을 준다.

벵에돔은 농어목 황줄깜정이과에 속한다. 세계적으로 황줄깜정이과에는 15속 42종이 인도양, 대서양과 태평양에 살고 있다. 일부 초식을 하는 종도 있지만 대부분이 육식이나 잡식성이며, 먼 바다에는 없고 연안에 산다. 우리나라에서는 정문기 박사에 의해 황줄깜정이과에 황줄깜정이 1종, 벵에돔과에 벵에돔, 양벵에돔 등 2종이 알려져 있었다. 최근에 넬슨(Nelson) 박사에 의해 황줄깜정이과와 벵에돔과가 과를 나눌 만한 차이가 없음이 밝혀져, 황줄깜정이과로 통합되었고, 그 때문에 벵에돔은 양벵에돔과 같이 벵에돔속에 포함되었다.

그러나 오래 전부터 낚시인들은 벵에돔과 양벵에돔 외에 다른 한 종이 더 있다는 것을 알고 있었다. 특히 이 종은 제주도에서 낚시를 하는 꾼들 사이에서 벵에돔보다는 일본에서 구로메지나라고 부르는 종과 유사하다고 알려져 있었다. 이완옥 박사는 이 종을 학계에 기록하고 한국 표준명을 붙였다. 지금은 "긴꼬리벵에돔"으로 잘 알려져 있지만 1994년 이전까지 우리나라에서는 이름이 없는 물고기였다.

이완옥 박사는 1980년대 후반 제주도의 물고기를 조사하면서 벵에돔과 뚜렷한 차이를 보이는 다른 종류의 벵에돔을 채집하였는데 우리나라에서는 그때까지 보고되지 않았던 종이었다. 모양을 살피고 주변 나라(일본, 중국, 대만 등)의 기록을 참고하여 이 종이 일본에서 구로메지나라고 부르

는 종과 같은 물고기라는 것을 확인했다. 색깔이 검고, 특히 뻥에돔과 다르게 아가미 뚜껑 끝이 검은색이라 일본에서도 뻥에돔의 "메지나"에 "구로(검은색)"를 붙여 "구로메지나(クロメジナ)"라고 부르는 것을 참고하여, "흑뻥에돔"이란 이름으로 1993년 가을 어류학회 학술발표회에서 미기록종으로 구두 보고하였다.

그런데 그곳에서 이미 많은 낚시인들이 뻥에돔보다 꼬리지느러미가 길어 "긴꼬리뻥에돔"이라 부른다는 것을 알게 되었다. 이미 불리는 이름이 있다면 당연히 그 이름을 따르는 것이 옳다고 생각하여, 1994년 6월 『한국어류학회지』에 우리나라 미기록어류로 기록하면서 지금까지 낚시인들 사이에 불리던 "긴꼬리뻥에돔"이 표준어가 되었다.

그러면 물고기의 이름(국명)은 왜 중요한 것일까? 모든 사물에는 고유한 이름이 있다. 한 가지 사물에 두 개 이상의 이름이 있을 수는 있다. 그러나 그 중에 하나가 표준어가 되면 나머지는 모두 방언이라는 불명예가 붙는다. 아주 예외적으로 두 개의 표준어가 있는 경우가 있긴 하다. 멍게와 우렁쉥이는 모두 표준어이다. 우렁쉥이가 처음에는 표준어였으나 너무 많은 사람이 멍게로 부르고, 또한 부르기 편해 그와 같이 된 것이다. 그러나 물고기에서는 표준어가 두 개인 것은 없다. 가장 많이 양식되고 있는 물고기인 넙치는 광어로 불리기도 하지만 표준어는 분명 넙치다. 우럭으로 많이 불리고 있는 물고기도 표준어는 조피볼락이다. 많은 사람이 부른다고 해서 우럭이 표준어가 되는 것은 아니다. 사람도 여러 가지 별명과 아명, 예명, 호 등이 있어 다른 사람이 알 수 있을지 모르나 호적에 적힌 이름은 분명 한 개뿐이다. 즉 처음 이름을 만들 때 충분히 여러 방언들을

· 긴꼬리벵에돔(사진제공 『월간낚시』)

검토하고 많은 사람이 부르는 것을 표준어로 해야 한다. 그러나 우리나라의 물고기 이름은 정문기 박사의 의견이 많이 반영되어 있다. 정문기 박사의 고향은 전남 순천이다. 그래서 우리나라의 물고기 이름은 전남 남부 지방의 사투리가 표준말이 된 느낌이 들기도 한다.

그렇다고 이름을 함부로 바꿀 수는 없다. 물론 특별한 이유가 있어서 이름을 바꾸는 경우는 간혹 있다. 예를 들면 "자주복"의 원래 이름은 "자지복"이었는데 많은 수산인들은 이러한 이름이 어색해 일부는 참복이나 자주복으로 불렀다. 그러나 이것이 표준어가 될 수는 없었다. 그러던 것을 1990년 김익수 교수와 이완옥 박사가 「한국산 참복아목 어류」라는 논문에서 여러 종의 복어를 정리하면서 정식으로 개명을 제안했다. 이러한 제안이 대부분의 어류학자들에게 받아들여져 1997년 발행된 『한국동식물명집』에서부터는 자주복이 표준어가 되었다. 이와 같이 이름을 한번 바꾸는 것은 사람이 재판을 하여 이름을 바꾸는 것에 버금가는 귀찮은 일이기 때문에 쉽지 않은 것이다.

벵에돔과 긴꼬리벵에돔은 서로 사는 곳에 약간 차이가 있다. 제주도에서는 대부분 긴꼬리벵에돔이 잡히며, 남해안에서는 벵에돔이 많이 잡힌다. 아마 울릉도는 벵에돔이 사는 우리나라 최북단 지역일 것이다. 긴꼬리벵에돔은 더 남쪽에 살며, 크기도 벵에돔보다 더 크다. 벵에돔은 2~6월 사이에 산란하고, 긴꼬리벵에돔은 11~12월 사이의 겨울에 산란하는데 특히 이때 맛이 있다. 벵에돔과 긴꼬리벵에돔 모두 잡식성으로 알려져 있는데, 어린 치어기가 지난 미성어는 조수 웅덩이에서 많이 발견된다. 어릴 때는 등쪽이 진한 청색이며 배쪽은 은백색으로, 대단히 아름답게 헤엄친다. 현재 우리나라에서 벵에돔과 긴꼬리벵에돔은 연안의 암초지대와 조수 웅덩이의 축소로 줄어들고 있는 실정이다.

양벵에돔 · 벵에돔 · 긴꼬리벵에돔의 구분

· 양벵에돔

· 벵에돔

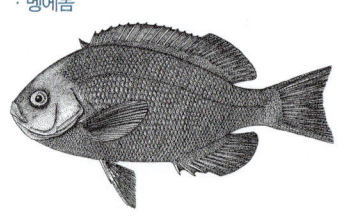

· 긴꼬리벵에돔

양벵에돔은 입술이 두껍고, 이마가 심한 경사를 이루며, 어린 개체는 몸 중간을 가로지르는 밝은 색 가로줄무늬가 있다. 긴꼬리벵에돔은 아가미 가장자리와 가슴지느러미 기부에 검은 줄이 있고 꼬리가 길어서 벵에돔이나 양벵에돔과 구분된다.

조피볼락 · 황해볼락

　최근에 서해에서는 갯바위와 배낚시가 호황을 누리고 있다. 이 중에 농어, 감성돔과 함께 많은 사람들이 조피볼락(우럭)과 쥐노래미 낚시를 즐기는데, 특히 서해에서는 조피볼락이 낚시인들의 사랑을 받고 있다.

　대부분의 물고기가 그러하듯이 조피볼락도 그 수가 줄고 있고, 큰 물고기의 감소로 인해 산란하는 물고기들의 크기가 작아져 50센티미터 이상의 큰 것은 잡히지 않고 있는데, 최근 전라북도 격포 등을 중심으로 조피볼락의 숫자가 다소 늘어나고 있다. 많은 낚시인들이 즐거워하면서도 그 이유는 잘 모르는 듯하다. 이는 최근 국립수산진흥원의 각 배양장에서 조피볼락의 치어를 방류한 결과이다. 특히 이들 볼락류는 그 습성이 멀리 이동하지 않고 방류된 인근 수역에 정착하기 때문에 자원량 증가의 효과가 크다. 우리나라와 마찬가지로 외국에서도 멸종위기종이나 수산업상 유용한 종들은 예전부터 살던 곳을 중심으로 치어를 방류하는 경우가 많다.

　이처럼 멀리 돌아다니지 않는 물고기들은 낚시인들이나 학자들의 입장에서는 환영할 만하지만, 좁은 지역에서 그것도 비슷한 종들이 같이 살아야 하는 볼락류의 입장에서는 나름대로 생존에 불리한 문제들을 극복해야만 한다.

　우리나라의 서해안에는 조피볼락과 거의 같은 지역에 황해볼락이 살고 있다. 이런 경우는 생태학적 경쟁관계(먹이와 사는 장소)가 되어 한 종이 멸종하거나 아니면 먹이를 달리하여 경쟁을 피해야 살 수가 있다. 그래서 크기가 작고 경쟁관계에서 뒤지는 황해볼락은 조피볼락과 공존하기 위해 먹이를 양보한다. 새우나 작은 물고기 등 좋은 먹이는 조피볼락이 먹고, 황해볼락은 조피볼락이 좋아하지 않는 거미불가사리, 바다대벌레, 따

게비 등을 먹는 것이다. 황해볼락은 1994년 김익수 교수와 이완옥 박사가 신종으로 보고하였으며 우리나라에서만 나타나는 종이다.

조피볼락을 포함한 볼락류들은 작은 암초지대에서 다른 물고기와 경쟁하면서 후손을 번식시키기 위해 특이한 방식을 취하고 있다. 암초지대에서 다른 물고기처럼 체외수정하여 알을 낳으면 대부분의 알이 다른 물고기의 밥이 될 가능성이 높으므로 볼락류의 알은 아예 어미의 뱃속에서 부화가 되어 밖으로 나온다. 그래서 6~7밀리미터의 자어들은 태어나자마자 즉시 먹이를 찾아 먹을 수 있다. 이와 같은 난태생은 상어, 가오리류 등의 연골어류에서 볼 수 있는데, 볼락류는 종류별로 교미기와 출산기 그리고 임신기간 등을 달리해 좁은 공간에 살면서도 서로 경쟁을 피하는 지혜를 발휘하고 있다.

출산은 주로 일몰 이후부터 밤에 이루어지며 분만이 완료되는 데는 1시간에서 1시간 30분이 걸린다. 출산중에 어미는 몸을 돌리거나 멈추면

· 조피볼락

서 지느러미로 물살을 일으켜 새끼를 되도록 멀리 흩어 놓으려고 노력한다. 이렇게 태어난 새끼는 수면 가까이에서 열심히 헤엄쳐 나가 주변의 암초지대에 정착하게 된다. 6월 상순에서 7월 중순까지가 조피볼락의 출산기로 이때 낚시와 어획이 가장 활발한 시기이다.

볼락류의 교미기와 출산시기 및 출산량(한국·일본)

	교미기	수정시기	출산시기	어미전장(cm)	출산량(마리)
볼락	12월	1월	1월 중순~2월	18	1만
탁자볼락	11월	3월말~4월초	6월		
황점볼락	10월	11월	12~1월	35 / 51	11만 2천
조피볼락	11~12월		6~7월	39	8만 5천/35만 8천
누루시볼락	12월		5~6월		51만~81만

· 황해볼락

보구치

전통적으로 바다낚시는 갯바위나 수중의 여를 중심으로 이루어진다. 그러나 기나긴 여름이 지나고 수온이 떨어지는 가을이 되면 서해안의 넓은 앞바다 어느 곳에서나 잡히는 보구치가 있다.

보구치는 보통 백조기나 흰조기라는 방언으로 더욱 잘 알려져 있다. 청명한 가을에 접어들면 바닥이 모래와 펄인 대부분의 바다에 배를 띄우고 낚싯대를 드리우면 잡히는 보구치는, 정교한 기술이나 복잡한 장비가 아니더라도 누구나 쉽게 잡을 수 있는 물고기이다. 어린이나 초보자 누구의 낚시에도 입질을 하고, 입질을 하면 대부분 걸리는 것이다. 이것은 먹을 것을 가리지 않는 보구치의 먹이습성에서 그 원인을 찾을 수 있다.

보구치는 농어목 민어과에 속하는 바닷물고기로, 주로 우리나라의 황해와 발해만, 그리고 동중국해에 분포한다. 우리나라에 사는 민어과 물고기는 보구치를 포함하여 참조기, 민어, 부세, 수조기, 황강달이, 눈강달이, 동갈민어, 꼬마민어, 민태, 흑조기, 라강달이 등이 있으며 대부분 수산업적으로 주요한 물고기들이다. 이 중 수조기와 보구치는 낚시대상 물고기로 잘 알려져 있다.

민어과 물고기들은 대부분 우는 물고기로 널리 알려져 있다. 그 중에서도 가장 유명한 것이 참조기인데 지금은 그 수가 줄어들어 그런 장관을 볼 수 없으나, 얼마 전까지만 해도 5월 중순이 되면 서해안 연평도나 위도는 산란을 위해 모이는 조기들의 울음소리로 유명하였다. 이들이 소리를 내는 기관은 부레인데, 부레의 벽이 두껍고 잘 발달된 데다 커다란 부속 근육이 있어서 소리를 내는 데 쓰인다. 이들 부레의 겉 모양은 아주 복잡하고 각 종마다 서로 달라 종을 구분하는 데 이용되기도 한다. 예전에는 민어과 물고기의 부레를 말려서 중국요리의 재료로 썼고 젤라틴을 얻기도 하였다.

　보구치는 입이 크고 위턱이 아래턱보다 약간 작으며, 몸색깔은 등쪽이 암회색, 배쪽이 은백색이다. 아가미에 검은 반점이 있어 다른 종들과 구분된다. 보구치는 5~8월(절정기는 6~7월)에 산란하는 것으로 알려져 있는데, 수온이 19~25도일 때 서해안의 해주만이나 발해만에서 주로 산란하고 계속 남쪽으로 내려가 한겨울인 1~2월에는 제주도 서쪽과 남쪽에서 월동한다. 봄이 되면 다시 북쪽으로 올라가는 회유를 하는데, 민어과의 대부분의 종들이 봄이 되면 산란을 위해 서해안을 따라 북상하는 참조기와 비슷한 회유경로를 가진다. 가을에 낚시에 잘 잡히는 보구치는 산란 후 월동하기 위하여 남쪽으로 내려가는 집단으로, 이때에는 급속히 성장할 때라 어떤 먹이에든 달려들어 미끼에 관계없이 쉽게 잡힌다. 이들은 수온이 10~25도 사이의 바다에 살면서 주로 새우류, 게, 대벌레류, 오징어류 그리고 작은 물고기 등을 가리지 않고 포식한다. 낚시에 잡히는 것은 20~30센티미터 정도로 만 2~3년생의 것들이 대부분이다.

　한편 보구치와 같이 낚시에 많이 잡히는 수조기는 회유하는 경로도 보구치와 비슷하고 산란장과 산란기도 비슷해 같은 시기에 같은 장소에서 잡힌다. 그러나 모양과 색깔은 차이가 있다. 수조기는 몸색깔이 등쪽은 황색이 강한 회색이며, 배쪽도 등황색이 강한 은백색이다. 가슴·꼬리·뒷지느러미도 등황색이 강하고 몸에는 사선으로 흑갈색의 줄무늬가 있다. 모양도 보구치보다 긴 타원형이고, 주둥이도 보구치와 달리 아래턱이 약간 작다. 어릴 때는 새우, 게 종류를 먹지만 자라면서 새우류나 게뿐 아니

라 작은 물고기도 잡아먹는다. 주로 바닥에 펄이나 모래가 많은 곳에 산다. 가을이 되면 보구치와 같이 수조기도 낚시에 많이 잡히지만 보구치보다는 그 수가 적다.

  낚시인들은 대부분 낚시를 동호인들과 같이 가거나 혼자 떠나는 경우가 많다. 특히 바다낚시의 경우는 더욱 이런 경향이 많다. 하지만 최근 민물낚시에서는 주말에 가족과 같이 낚시를 떠나는 경우가 보편적인 현상으로 자리잡고 있다. 가을에 가까운 서해안으로 가족들이 함께 낚시여행을 해보자. 아주 간단한 장비만을 준비하여 떠나면 많은 보구치와 수조기를 만날 수 있을 것이다.

· 보구치(사진제공 『월간낚시』)

문절망둑 · 풀망둑

겨울이 다가오는 늦가을, 연안과 강의 하구에서는 산란을 위해 마지막으로 충분한 먹이를 먹으려는 문절망둑과 풀망둑의 몸짓이 낚시인들을 즐겁게 한다. 낚시는 바로 이런 물고기들의 필사적인 생존의 몸부림 때문에 붐을 이루는 것 같다.

우리나라의 전 연안에서 흔하게 잡히는 망둑어에는 문절망둑과 풀망둑이 있다. 옛날부터 사람과 친숙해서인지 방언도 많고, 고서에서도 식용과 약용으로 널리 쓰인다고 기록되어 있다. 민물과 바다에서 모두 살 수 있고 환경오염에도 강해, 연안 생태계에서 차지하는 비율이 높은 편이다. 하지만 문절망둑은 우리나라와 일본, 중국 등 동북아시아에만 제한적으로 사는 물고기이다.

그런 문절망둑이 최근 미국의 캘리포니아와 호주의 시드니 연안에 많이 살면서 이들 지역의 물고기들을 잡아먹어 연안 생태계를 교란시키고 있다고 한다. 그러면 왜 최근에 이들 연안에 이와 같이 문절망둑이 늘어나고 있을까? 원래부터 이곳에 문절망둑이 살고 있었을까?

캘리포니아와 시드니는 우리나라를 비롯하여 일본, 중국의 무역 중심

· 문절망둑

지이다. 특히 이 지역은 항구를 통해 많은 선박이 수출입을 위해 드나들고 있다. 대부분의 배는 화물을 싣고 움직이지만 화물이 없을 때는 빈 배로 항해를 해야 하는 경우가 있다. 그러나 화물선은 무게 중심이 위에 있어 폭풍우가 칠 때는 위험하기 때문에 배 밑에 물을 채워 움직이게 된다. 커다란 화물선의 경우 채우는 물의 양이 엄청나서 물과 함께 그 수역의 생물들까지 담아 가게 된다. 물과 같이 옮겨진 생물들은 새로운 환경에서 생존에 실패하기도 하지만 일부 종은 적응에 성공해 기존의 생태계에 영향을 미친다. 바로 이러한 경로로 문절망둑이 시드니와 캘리포니아로 이주하여 그곳에서 대단히 빠른 속도로 서식처를 넓힌 것이다.

  문절망둑은 강의 하구나 연안에 사는데, 모래바닥이나 개펄에서 바닥에 사는 작은 새우류나 게, 작은 물고기, 물풀, 규조류 등을 먹고 산다. 여름부터는 강의 하구뿐 아니라 담수에서도 문절망둑을 볼 수 있다. 어미는 25센티미터까지 자라며 2~5월에 수컷이 Y자 형 산란실을 조간대의 개펄에 수직으로 만들고 암컷이 알을 낳는다. 부화된 자어는 처음에는 수면을 떠다니면서 동물성 플랑크톤을 먹고, 15~20밀리미터 정도로 자라면

· 풀망둑

바다 쪽으로 내려간다. 성장이 빠른 무리는 그 해에 산란을 하지만 성장이 느린 것은 다음 해에 산란을 한다. 산란을 마친 어미들은 모두 죽는다.

문절망둑은 오염에도 강하고 염분의 내성 폭도 커서 어느 곳에서도 잘 살 수 있지만, 최근에는 간척사업과 하구둑 공사, 수질오염으로 인해 이들이 살 수 있는 수역이 점점 줄고 있다.

우리는 망둑어 낚시를 할 때 미끼가 없으면 망둑어 살을 미끼로 사용하기도 하는데, 여기에도 어김없이 입질을 한다. 이를 보고 문절망둑은 멍청하다고 한다. 그러나 짧은 해가 넘어가기 전에 많이 먹어야 겨울 동안 알을 만들고 봄이 되면 산란을 할 수 있는 문절망둑의 입장에서 보면 먹이를 가릴 처지가 아닌 것이다. 당년에 알을 낳지 못하면 일 년을 더 기약해야 될지도 모를 문절망둑은 조급할 것이고, 이를 낚는 낚시꾼은 짧은 해가 조급해질 것이니, 물 속이나 물 밖이나 모두 치열한 생활의 현장이 아닌가 싶다.

노래미·쥐노래미

노래미는 연안의 암초지대에서 멀리 이동하지 않고 한 곳에 정착해서 살기 때문에 모든 낚시인들에게 너무도 친근한 물고기이다. 갯바위낚시에서 주인공으로 하기에는 조금 부족하지만, 무시할 수 없는 중요한 조연급이다.

노래미는 횟대목 쥐노래미과의 물고기로 보통 30센티미터 내외로 자란다. 우리나라의 쥐노래미과 물고기에는 쥐노래미속에 노래미, 쥐노래미, 줄노래미가 있고, 임연수어속에는 임연수어 한 종만이 있다.

노래미와 아주 유사하지만 옆줄이 1개인 노래미와 달리 5개의 옆줄이 있는 쥐노래미는, 서남해안의 갯바위뿐 아니라 약간 먼 바다쪽에 살고 잡히는 양도 노래미보다 많다. 그러나 동해에서는 노래미나 쥐노래미보다 임연수어가 많이 잡힌다. 쥐노래미와 노래미는 우리나라 전 연안뿐 아니라 일본, 중국에까지 살고 있으며, 남쪽에서는 노래미가, 서해안에서는 쥐노래미가 우세하다.

· 노래미

· 쥐노래미

　쥐노래미의 어린 새끼는 요각류 등의 동물성 플랑크톤을 먹고, 커가면서 새우나 게, 갯지렁이, 해조류 등을 먹으며 작은 물고기를 먹기도 한다. 이전에는 잡어로 취급되기도 하였으나 최근에는 고급 횟감으로 비싸게 팔리고 있다. 여름철에 먹는 쥐노래미 매운탕은 어느 물고기와도 비교할 수 없을 만큼 맛이 있다.
　노래미와 쥐노래미의 치어는 모양이 아주 비슷하다. 연안의 암초나 웅덩이에서 부화하여 차츰 자라면서 깊은 곳으로 이동한다. 4센티미터 내외가 되기 전에는 어미와 완전히 다른 모양이었다가 자라면서 어미와 같은 모양이 된다. 이러한 변태는 쥐노래미과의 모든 물고기들에서 볼 수 있는데 이는 먹이나 서식처를 어미와 달리하여 경쟁을 피하려는 전략이다.
　최근 고급어종이 아닌 물고기들이 자연산이란 이유만으로 비싸게 팔리면서 어린 것들을 잡아 길러서 팔고 있는데, 이것은 연안의 물고기를 더욱 고갈시키는 행위로, 앞으로 우리의 연안을 텃밭이란 생각으로 가꾸는데 큰 걸림돌이 된다. 특히 노래미나 쥐노래미는 한번 정착한 연안에서 거

의 일생을 보내는, 정말로 보살피고 키워야 하는 귀중한 우리의 자원이다. 갯바위나 배낚시에서 잡히는 노래미나 쥐노래미의 크기가 갈수록 왜소해지는 것을 보면 우리의 연안이 황폐해져 가는 것을 알 수 있다. 이러한 책임이 우리 낚시인에게도 분명히 있다. 작은 물고기가 잡히면 놓아줄 수 있는 낚시인이 늘어날 때 앞으로 커다란 노래미와 쥐노래미를 만날 수 있을 것이다.

· 쥐노래미

임연수어

　임연수어는 쥐노래미과 중에서 동해안의 중부 이북에 많이 사는 종으로 모양은 노래미나 쥐노래미와 비슷하지만 더 추운 바다에 적응하여 일본의 홋카이도, 러시아의 베링해 등에까지 살고 있다. 모양은 노래미보다 날렵하고 특히 꼬리지느러미가 제비꼬리처럼 갈라져 있다. 『전어지』에 보면 임연수(林延壽)라는 어부가 잘 잡아 이 이름을 붙였다고 하는데, "새치"라는 방언으로 많이 불린다. 산란기는 가을에서 겨울철인데, 수심 6~30미터의 바위 사이에 알을 낳는다. 어릴 때 명태와 대구 새끼를 많이 먹기 때문에 명태의 보호에는 해로운 물고기로 간주되고 있다.

돌돔

돌돔과의 물고기는 우리나라뿐 아니라 태평양과 인도양을 비롯해 전 세계에 1속 7종이 분포하고 있는데 바닷물고기 중에서는 비교적 종이 많지 않은 편이다. 우리나라에는 표범무늬를 한 강담돔과 호랑이무늬의 돌돔 두 종이 살고 있다.

돌돔은 어릴 때부터 노란색 바탕에 7개의 검은색 줄무늬가 나타나서 다른 물고기와 혼동되지는 않는다. 몸길이가 약 9밀리미터일 때부터 줄무늬가 나타나고, 바탕의 노란색은 곧 흰색으로 변하지만 검은 줄무늬는 갈수록 선명해진다. 암컷은 어미가 되어서도 무늬에 변함이 없지만 수컷은 성장하면서 검은색의 무늬가 온몸을 덮게 된다. 아주 노쇠한 수컷은 몸 전체가 회흑색으로 변하고 특히 주둥이 부분은 더욱 검어진다. 어미 노릇을 하는 돌돔은 30~40센티미터가 대부분이다. 60센티미터 이상 자라는 것도 있지만 50센티미터 이상의 돌돔을 만나기는 쉽지 않다.

돌돔과의 물고기는 어미가 되면 앵무새 부리와 같이 이빨이 잘 맞춰지고 날카로워서 영어 이름으로 "칼날턱"이란 뜻의 나이프조스(knifejaws)라고도 불린다. 이들 돌돔과의 물고기는 날카로운 이빨을 이용해 따개비, 조개, 성게 등 딱딱한 껍질을 가진 생물을 부수어 먹을 수 있다.

돌돔의 암컷은 2~3년 정도 자라야 어미가 되지만, 수컷은

· 돌돔(사진제공 『월간낚시』)

· 강담돔

빠를 경우 1년만 지나도 어미 역할을 할 수 있다. 이때 몸의 길이는 25센티미터 이상이다. 돌돔의 산란시기는 5~7월이며, 산란은 해가 진 초저녁에 여러 차례에 걸쳐 이루어진다. 산란의 적정 수온은 20~25도로 우리나라 연안 물고기 중에서는 비교적 높은 편이다.

돌돔의 알은 부성란이며, 부화한 후 바다에 흘러 다니는 해조류 아래 모여 생활을 시작한다. 해조류는 많은 물고기 새끼들의 생활터전이 되기 때문에 매우 중요하다. 이들은 해조류 틈에서 적의 공격으로부터 몸을 보호하면서 주변의 플랑크톤을 먹고 자라는데, 약 4~5센티미터가 되면 살기 좋은 곳을 찾아 정착하게 된다. 이 시기의 돌돔은 작은 규모로 떼를 지어 몰려다닌다. 돌돔은 6센티미터가 되면 단단한 이빨이 생기고 10센티미터가 넘으면 소리를 낸다. 낚시에 잡혀 올라온 것이나 혹은 물 속에서 주의 깊게 귀를 기울이면 "구구구" 하는 소리를 들을 수 있다. 부세, 조기 등 민어과 물고기가 내는 소리는 산란기에 짝을 찾거나 무리를 찾는 것이지만, 돌돔의 소리는 경계와 경고의 의미이다. 그러나 의외로 돌돔의 소리를 들었다는 낚시인은 별로 없다. 아마도 물고기를 낚았다는 즐거움에 소리에는 그다지 관심을 갖지 않아서일 것이다. 갯바위에서 낚시할 때 돌돔의 소리에도 한번쯤 귀 기울여 보자.

황복

황복은 바다에서 일생을 보내는 대부분의 복어들과는 달리 특이하게 민물에 적응되었다. 그 중에서도 생의 가장 중요한 산란과 어린 시기를 민물과 바닷물이 만나는 강의 하구에서 보내는데 이는 강의 하구에 먹이가 풍부하기 때문이다.

 강 하구는 산업화 이전에는 먹이가 풍부하였다. 물고기뿐 아니라 민물에서 내려오는 영양물질을 먹기 위하여 새우나 갯지렁이가 몰리기 때문이다. 지금도 새우가 많이 잡히는 곳의 대부분은 유명한 강의 하구인 것을 보면 잘 알 수 있다.

 황복, 종어, 철갑상어 등은 강의 하구에서 살면서 강을 거슬러 올라가 알을 낳고 새끼를 키운다. 그러나 강의 하구가 변하면서 오염되자 종어는 이미 우리의 곁을 떠났고, 철갑상어도 거의 사라졌으며, 황복도 사라질 위기에 처해 있다. 그러나 황복은 최근 인공 종묘생산에 성공하여 다시 자원

· 황복

회복이 가능하게 된, 어쩌면 우리에게 관리를 위탁한 상징적인 물고기이기도 하다.

황복은 복어 중에서도 황해와 동중국해 연안에 인접한 큰 강에만 사는데, 우리나라에는 낙동강에서 시작하여 압록강까지 남해와 서해로 흐르는 강과 연안에서 잡히고 있다. 중국에서도 황해와 동중국해로 흐르는 하천과 연안에서 사는 것이 오래 전부터 알려져 있다. 특히 중국에서는 양쯔강에 많이 올라오는데, 산란을 위해 민물로 올라온 황복을 식용으로 즐겼다. 중국의 유명한 시인 소동파(蘇東坡)를 비롯한 많은 시인들이 시문을 남기고 있는 것을 보면 얼마나 유명한 물고기인지 잘 알 수 있다.

황복의 몸색깔은 등쪽은 올리브색이고 배쪽은 흰색이며, 머리에서 꼬리까지 선황색 세로줄무늬가 뚜렷하여 다른 복어와 구분되지만, 황점복과는 가끔 혼동되기도 한다. 그러나 황점복은 어릴 때 등에 흰 반점이 나타난다.

복어는 테트로도톡신이라는 신경독이 있어 사람에게 치명적이지만, 우리나라, 중국, 일본사람들은 그 뛰어난 맛에 빠져 목숨을 담보로 옛날부터 즐겼는데, 요리가 완벽하지 못했던 예전에는 가끔 사고가 생기기도 했다. 이 중에 황복은 평소에는 맹독이 아니지만 강으로 올라오는 산란기의 난소에는 치명적인 독이 있다. 하지만 정소와 근육에는 독이 없어, 산란기의 커다란 정소를 많은 사람들이 "고니"라고 즐겨 먹고 있다. 그러나 껍질과 혈액의 독은 요리중에 다른 부위로 옮길 수 있기 때문에 자격증이 있는 요리사의 요리를 먹는 것이 안전하다.

복어는 또한 배를 공처럼 부풀리는 행동으로도 유명하다. 이러한 행동의 원인에 대해 많은 연구자들이 조사하고 있지만 아직까지 확실한 이유가 밝혀지지는 않았다. 우선 복어가 배를 부풀리는 과정을 보면 물 밖으로 나왔을 때 입으로 공기를 압축하여 위에 저장한다. 이때 위는 커다란 공 모양을 이루고, 급격히 입으로 공기를 내보내면 원상태로 돌아온다. 물 속에서는 배를 잘 부풀리지 않지만 간혹 물을 이용해 배를 부풀리기도 한다. 배를 부풀리는 이유로는 몸을 부풀려 적에게 크게 보이려 하는 것, 공기를 넣어 수면에 표류할 수 있도록 하거나 산호초 등에서 일시적으로 공기에 노출될 때 호흡을 보조하기 위한 것, 혹은 부풀린 공기나 물을 밖으로 세게 내보내 숨어 있는 먹이를 찾을 때 이용하는 것 등 여러 가지 설이 있다. 황복의 독성은 계절에 따라 달라지는데, 산란기에 특히 독성이 강해진다. 개체에 따라서도 100배 이상 차이가 나기도 한다. 이러한 여러 가지 복어의 진기한 생태는 앞으로도 많은 조사가 필요하다.

    요즈음 대규모로 양식이 이루어지고 있는 황복은 앞으로 미식가들의 입맛을 즐겁게 해줄 것이다. 최근에 한강과 임진강 하구에서 간혹 낚시로 황복을 잡았다는 소식은 낚시인들에게 정말 즐거운 선물이다. 왜 우리가 물고기를 남획하지 말고 잘 관리해야 되는지를 구체적으로 보여주는 사례이다.

"竹外桃花三四枝
春江水暖鴨先知
蔞蒿滿地蘆芽短
正是河豚欲上時"

"대나무밭 가장자리 복숭아꽃 서너 가지 피었고
봄 강물 따스해진 것을 오리가 먼저 아네.
쑥잎이 땅을 덮고 갈대 띠풀의 새순은 아직 짧은데
바로 이때가 황복이 거슬러 올라올 무렵이라네."

중국의 소동파 시인이 읊었던 황복. 복숭아꽃 필 무렵 어느 강가에 낚싯대를 드리워 황복을 낚을 날을 기대해 보자.

Masuda, H., K. Amaoka, C. Araga, T Uyeno and T. Yoshino, 1988. The fishes of the Japanese Archipelago. Tokai univ., 437pp + 370pls.

Nakabo, T., M. Aizawa, Y. Aonuma, Akihito, Y. Ikeda, K. Sakamoto, K. Shimada, H. Senou, K. Hatookka, M. Hayashi, K. Hosoya, U. Yamada and T. Yoshino, 1993. Fishes of Japan with pictorial keys to the species. Tokai Univ., press, 1162pp.

Nelson, J. S., 1994. Fishes of the world (3th ed.) John Wiley & Sons., pp.

岩井 保, 1988. 釣りの魚. 保育社, 大阪, 207pp.

豊田直之・西山 徹・本間敏弘, 1998. 釣り魚カラー圖鑑. 西東社, 東京, 382pp.

김익수, 1997. 한국동식물도감 제37권 동물편(담수어류), 교육부, 629pp.

김익수・강언종, 1993. 원색한국어류도감. 아카데미서적, 서울, 477pp.

월간낚시, 1999년 1월호~2000년 2월호, 조선일보사.

정문기, 1977. 한국어도보. 일지사, 서울, 727pp.

최기철・전상린・김익수・손영목, 1990. 원색한국담수어도감. 향문사, 서울, 277pp.

찾아보기

가는돌고기 31, 270, 271
가물치 73, 266, 267, 268
가숭어 98, 99, 284, 285, 286
가시망둑 134, 135
가시횟대 134, 135
가죽잉어 256
갈겨니 15, 41, 42, 274, 276
갈돔 176
감돌고기 31, 79, 270, 271
감성돔 81, 170, 171
강담돔 191, 305, 306
강주걱양태 213
강준치 45
개볼락 115
객주리 242
갯장어 88
거북복 243
검복 249
검정망둑 69, 70
고등어 220, 221
군평선이 166
금눈돔 103
긴꼬리벵에돔 183, 185, 287, 288, 289, 290
까치복 248

까칠복 247
꺽정이 58, 59
꺽지 60, 61
꼬치고기 219
꼬치동자개 79
꽃돛양태 213
끄리 43
날개다랑어 225, 226
납자루 27
넙치 228, 288
노랑가자미 239
노래미 130, 301, 302, 303, 304
놀래기 198
농어 137, 138
누루시볼락 117, 121, 122, 293
누치 32, 273
눈다랑어 224, 225, 226
눈불개 44
능성어 143, 144
다금바리 139
다섯동갈망둑 214, 215
달고기 105
대구 94, 95, 304
대황어 37
도다리 237

찾아보기

도화돔 102
독가시치 217
독돔 145
돌가자미 232
돌고기 30, 31, 39, 269, 270
돌돔 18, 189, 190, 305, 306
돌망둑이 134
돗돔 140
동갈돗돔 167
동갈양태 212
동사리 64, 65
두줄망둑 71, 72
두줄촉수 181
둑중개 56, 57
등가시치 208
등줄숭어 284
떡붕어 26, 257, 258, 260
띠볼락 117, 122, 123
만새기 153
말쥐치 241
망상어 194, 195
망치고등어 221
매리복 248
매퉁이 96
메기 47, 48

멸치 90
명태 94, 95, 304
모래무지 35
무늬횟대 134
무지개송어 264, 265
무태장어 283
묵납자루 28
문절망둑 66, 68, 298, 299, 300
문치가자미 17, 235, 236
물가자미 231
미역치 126, 127
미유기 48
미호종개 79
민달고기 104, 105
민물검정망둑 70
민물두줄망둑 72
민옥두놀래기 206, 207
민전갱이 155
민태 179
방어 156, 157, 158, 159, 160
배스 77, 78, 266
백다랑어 225, 226
백미돔 165
밴댕이 93
뱀장어 22

버들개 39
버들치 38, 39
범가자미 238, 239
범돔 186
베도라치 209
벤자리 168
벵에돔 184, 185, 287, 288, 289, 290
별넙치 230
별복 249
보구치 178, 179, 294, 295, 296, 297
보리멸 151
복섬 246
볼락 112, 113, 293
부시리 157, 158, 159
불볼락 119, 120
붉돔 173, 174
붉바리 142
붉벤자리 141
붉은쏨뱅이 125
붕어 25, 26, 254, 257, 258, 259, 260
붕장어 89
블루길 75, 76, 266

비단잉어 24, 254, 255
빙어 49, 261, 262, 263
빨간명태 94, 95
빨간횟대 134
뿔돔 146
산천어 19, 55, 264
살벤자리 187
살살치 110
살치 46
삼세기 136
삼치 223
새다래 163
선홍치 164
성대 128
세줄얼게비늘 149
송어 55
수조기 180, 294, 295, 297
숭어 97, 99, 284, 285, 286
실꼬리돔 177
실망둑 216
실전갱이 154
쌍동가리 210, 211
쏘가리 62, 63, 280, 281, 282, 283
쏠배감펭 107
쏨뱅이 124, 125

찾아보기

쏘가미 106, 136
아홉동가리 192
양뱅에돔 182, 287, 290
양태 129
어렝놀래기 202, 203
어름돔 169
어름치 34, 272, 273, 283
얼룩동사리 65
여덟동가리 193
연어 51, 52, 264
연어병치 227
열목어 53, 54, 264, 265, 283
열쌍동가리 211
옥돔 152
옥두놀래기 207
용치놀래기 18, 199, 200
우럭볼락 111
은밀복 245, 248
은어 17, 50, 137, 277, 278, 279
이스라엘잉어(향어) 24, 254, 255, 256
인상어 195
일곱동갈망둑 214
임연수어 133, 301, 304
잉어 23, 24, 252, 253, 254, 255

자리돔 196
자바리 143
자주복 249, 289
잿방어 156
저울베도라치 209
전갱이 161
전어 92
점가자미 234
점감팽 108, 109, 110
점넙치 229
점농어 137, 138
정어리 91
조피볼락 116, 117, 288, 291, 292, 293
졸복 249
주둥치 162
줄갈돔 176
줄공치 101
줄납자루 28
줄노래미 132, 301
줄도화돔 148
줄벤자리 188
줄삼치 222
쥐노래미 131, 132, 301, 302, 303, 304

쥐돔 218
쥐치 240
쭈굴감펭 109
참가자미 236
참다랑어 225, 226
참돔 17, 172, 173
참돛양태 213
참마자 33, 273
참붕어 29
참조기 294, 295
참종개 78
청보리멸 150, 151
층거리가자미 233
치리 46
탁자볼락 118, 293
통사리 79
풀망둑 67, 68, 298, 299
피라미 16, 40, 42, 274, 275
학공치 100, 101
한둑중개 57
호박돔 197
흑돔 204, 205
홍치 147
황놀래기 201
황다랑어 225, 226

황돔 175
황매퉁이 96
황복 74, 307, 308, 309, 310
황볼락 114
황쏘가리 63, 280, 281, 282, 283
황어 36, 37
황점복 308
황점볼락 293
황해볼락 291, 292, 293
흑밀복 244, 245
희나리(붕어) 257, 260
흰꼬리볼락 111
흰수마자 79
흰점복 248
흰줄납줄개 28

사진 왼쪽부터 최윤, 이완옥, 이태원, 김지현 필자

최 윤
1959년 전북 군산 출생, 전북대학교 졸업(생물학과), 전북대학교 대학원 박사학위 취득(이학박사), 일본 북해도 대학 객원연구원(1996년), 현재 군산대학교 해양생명과학부 교수, 상어와 한국 연근해 어류의 분류와 생태 연구중, 저서 『상어』(지성사, 1999)

이완옥
1958년 전북 군산 출생, 전북대학교 졸업(생물학과), 전북대학교 대학원 박사학위 취득(이학박사), 현재 국립수산진흥원 청평내수면연구소 연구원, 쏘가리를 비롯한 유용자원 개발 연구중, 조선일보사 『월간낚시』에 「낚시어류학」 연재중

이태원
1950년 충북 출생, 서울대학교 졸업(해양학과), 프랑스 몽펠리에 대학교 박사학위 취득(이학박사), 현재 충남대학교 해양학과 교수, 한국 연근해 어류와 뱀장어의 생태 연구중, 저서 『한반도 주변 연안어류 종조성』(http//ricos.chungnam.ac.kr/kocofish 참조), 뱀장어의 생태에 관한 논문 다수

김지현
1952년 충남 보령 출생, 군산대학교 졸업(양식과), 군산대학교 대학원 박사 수료(수산학), 잠수 강사 자격 취득(1989년), 충청남도 수중협회장 역임(1992~1999년), 현재 군산대학교 해양과학대학 강사(잠수학), 한국연근해 어류 수중 생태사진 촬영중

강태공을 위한 낚시물고기 도감

지은이 최윤 · 이완옥 · 이태원 · 김지현 / 펴낸이 이원중 / 편집 박혜정 · 김선정 · 김지은 / 마케팅 홍사국 / 원색분해 · 분판출력 경운출력센타 / 펴낸일 2000년 5월 31일 초판 1쇄 펴냄 / 펴낸곳 지성사 · 출판등록일 1993년 12월 9일 · 등록번호 제10-916호 · 서울시 마포구 신수동 88-131호 (우)121-110 · 대표전화 02) 716-4858 팩스 02) 716-4859
E-mail jisungsa@hitel.net

ⓒ 최윤 · 이완옥 · 이태원 · 김지현, 2000   ISBN 89-7889-062-8 06490